大展好書　好書大展
品嘗好書　冠群可期

陰花槍

大展好書　好書大展
品嘗好書．冠群可期

宗師雲連生

先師吳桐

先師陰把槍遺照

作者在學校進行武術訓練

王爾昌老先生率弟子六人
專程來呼市學習陰把槍

2002年，中央電視五台「體育人間」欄目登門採訪，並以
「吳秉孝陰把槍」為題在五台、四台相繼播放

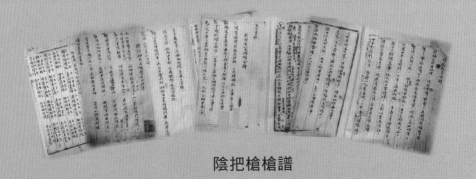

陰把槍槍譜

　　吳秉孝，1932年生，內蒙古呼和浩特市人。
出生於武術世家，自幼隨父親吳桐習武。

　　1956年畢業於北京體育學院（現北京體育
大學），後在內蒙古醫學院體育教研室任職（副
主任、教授），從此，在教學之餘便傾力於武術
文化傳承工作。20世紀70年代，曾多次協助內
蒙古及個別盟市體委和教育廳舉辦過業餘武術教
練員、體育教師武術訓練班。1984年被評為忽
和浩特市、內蒙古、全國「武術挖整工作先進個
人」；1988年獲全國武術節「武術貢獻獎」；
1995年被評為首屆「中國武術百傑」。曾任中
國武術委員、內蒙古及呼和浩特市兩級武協副主
席、中華體育科學學會武術分會委員。1990年出
版了《陰把槍》；1997年受託為內蒙古自治區撰
寫了《內蒙古武術志》。1959、1979、1986年曾
代表自治區參加過全國性武術比賽和表演賽，並
獲得二等獎和表演獎。

序

　　陰把槍是綻放在內蒙古西部地區（原綏遠省薩拉齊）的一株武學奇葩，據《綏遠通志稿》載：「趙老同，山東人，清咸同間遊塞外，久居薩拉齊。精武術，尤擅陰手槍法，一名纏槍，彼時國內稱為獨傳。綏人得受此槍法，實自老同始。」我們幸得該槍術第五代傳人——吳桐先生的親傳，以及他所珍藏的手抄槍譜，故責無旁貸地應將這一珍奇的民族文化傳承下去，並發揚光大。

　　經多年整理，於1986年初將它編寫成冊，後經中國武術協會審定，於1990年由人民體育出版社以《陰把槍》之名出版面世，並將它定為《中華武術文庫・拳械部・器械類》之一。

　　2002年初，中央電視五台，「體育人間欄目」登門採訪，並以「吳秉孝陰把槍」為題在中央五台、四台播放，對這一槍術文化進行了宣傳。之後，許多愛好者來函索取資料，筆者從而萌發了重新整理《陰把槍》的想法。

　　因在該書出版後的十幾年間，我在教學與訓練中，對槍術和理論仍在進行潛心的研究，增補了許多前版所未有的內容。對其傳承史，特別是祖師趙老同是否就是宋景詩的問題，經史料查證和實際調查，得出了明確的結論，望

能在新版中充實和完善。

陰把槍在傳世之初，就以實用槍法為其突出之點。為不失這一傳統性，本書在基本槍術中，補充了一些歷史上所謂「托竿蹲身寂無少動」非常「吃功夫」的內容，並指明其技擊含義。在傳統的組合練習（如紮九槍）和套路動作中，亦注以技擊內涵。在要求動作規範的同時，也使讀者在技擊意識基礎上，惟妙惟肖地去掌握傳統陰把槍的實用技藝。

對於該槍術的名稱《陰手槍》、《纏槍》、《陰把槍》，亦曾有過研考，前二名是來自歷史記載，後者是自綏遠省國術館建館後，館員及學員們對它的俗稱。過去武術界常稱手心向下為「陰手」，手心向上為「陽手」。因該槍術的前手，是手心向下握槍桿的，故稱為「陰手槍」。而「纏槍」則主要是因為該槍術突出了以纏繞黏隨為其特點（槍譜稱：前手為沾，後手為黏。；前手為隨，後手為連）。這兩種叫法均能概括槍法特點。

我們認為叫「陰把」（包括「陽把」）均欠妥。因為槍器中的「槍總」或「槍底」，就是供手握的把柄，被稱為「槍把」。一般由有力而靈活的手掌握它（槍譜稱：後手為發槍之主力），右手握稱之謂「右把槍」，左手握稱之謂「左把槍」。另一手握在槍桿的中部，起支點作用（槍譜稱：前手為架機之尺規）。如果將這隻手的握法也加上一個「把」字，即「陰把」（或「陽把」），既不能說明槍法特點，又混淆了「把」的概念。

道理雖如此，但從思想理念上講，「陽手」好像意味

著光明正大，而「陰手」卻似乎有陰暗的含義。故學者們不願叫「陰手槍」，就將「手」字改成「把」字，長此以往，潛移默化地，將「陰手槍」叫成了「陰把槍」。

《通志稿‧國術分館》中載：「館內設有國術教練班，以學、商兩界為多。副館長吳桐著有《太極拳淺釋》，館員雲連珍、李映宏合著《連環劍秘訣》，雲連珍、陳沛合著《纏槍學要義》等書。」（陳沛是一中的學生、雲師的高徒）。我們考研認定這《纏槍學要義》就是雲師不輕意脫手的《陰手槍槍譜》。它對該槍術的發展奉獻，有極大的里程碑意義。

槍譜中有這樣一段記述：「槍斜槍不可刮，機前晃搭搧捌槍，不怕他硬來批槍，回揪進擒陽把槍。」反而推知，雲師已對「陰把槍」之名是認可的。

「七‧七」事變，日寇入侵歸綏，省國術館關閉。新中國成立後，隨著經濟文化事業的蓬勃發展，武術也飛快地開展起來，「陰把槍」之名亦隨著強勁的東風飛揚四海，逐步深入人心，願這一珍貴的文化遺產永留人間。

書中與作者合拍雙人練習照的，是學生劉起、田奕崴、文建生，在此一併表示謝意。

目　錄

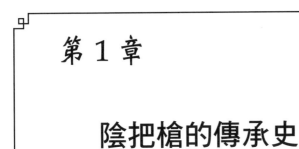

陰把槍的傳承史

　　翻開整部武術史，關於槍的記述隨處可見。如果說槍是中國長兵的代表並不為過，宋代《武備悉》中即說：「陣所適用者，莫槍若也。」自古以來，使槍名將就居多，即便是近代，各派拳家也均是「大桿子」不離手。在中國的武文化中，槍的夭矯英勇早已被深深銘刻其中。如西楚霸王項羽使槍，宋朝岳飛使槍，林沖使槍，三國中的趙雲、馬超使槍，這是我們耳熟能詳的。

　　槍在中國古代軍事教育中的地位也十分重要。自宋代以來，各朝代武科考試中，槍都是必試之內容。直至民國時期的第一次全國國術考試，個人表演和雙人對抗賽，槍乃是重要的內容。

　　同拳術一樣，槍術也是在不斷地進化、昇華之中。雖說歷代槍家守秘，加之槍術難成，識其精髓者如鳳毛麟角。但難能可貴的是他們仍然潛心孤詣地不斷「深研」之。清代趙老同一改自古以來前手握槍法，顛倒其陰陽，使「槍之圓神只有一圈」的論斷更能精確地發揮，故名之曰「纏槍」。

纏圈與槍法相結合，也更能使槍技表現得淋漓盡致，使槍威顯示得如虎添翼，究其因，陰手握槍可使臂部各關節從死角中解脫出來，獲得最大的自由。

歷史記載

　　陰把槍的歷史，除師傳外尚有史料記載：《綏遠通志稿》（下稱《通志稿》）這樣記載：「趙老同，山東人，清咸同間遊塞外，久居薩拉齊。精武術，尤擅陰手槍法，一名纏槍，彼時國內稱為獨傳。綏人得受此槍法，實自老同始。其弟子著名者有尤四喇嘛、霍茂、關興保三人。而尤四喇嘛功力最深……世謂尤善大竿、霍善刀法、關善花槍，蓋各極一藝之精也。尤用大竿獨步一時，刺人皮肉筋骨，深淺輕重，惟意所向，不差毫髮，釘紙百張於壁上，運竿點之，口呼取幾張，皆應聲如數著竿而下。其準確如此。」

　　尤四喇嘛，薩拉齊人，以屠宰為業，並非喇嘛，叫喇嘛意在長壽。《通志稿》載：「尤延趙居其家，優禮備至。趙則使尤專練功架，托竿蹲身寂無少動。數月請益，曰：『未也。』年餘復請益。曰：『吾姑試汝。』及骿二指擊竿梢，竿即脫手。尤自是益奮發。朝夕苦練，如是者又二年。趙知其功熟。喜曰：『此可以授槍法矣。』既而老同病不起，及於枕上以箸試勢，為之講解奧秘，遂盡其傳馬。」

　　趙老同收徒弟規矩很嚴，有三個條件必須遵守。第

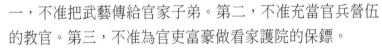

一，不准把武藝傳給官家子弟。第二，不准充當官兵營伍的教官。第三，不准為官吏富豪做看家護院的保鏢。

趙去世後，三徒弟霍茂被營伍請去當教官，定時為官兵表演刀法。關興保得息後，同師兄尤四喇嘛前去制止，他們在圍觀者外隱身注視，在霍表演至精彩處，關突然跳入場內，腳起處，霍的單刀飛向空中。霍見關踢他的場子，憤怒地在兵械架子上抓起兵器，試圖與關一拼，尤在場外說：「三弟，別給咱弟兄丟臉了，有話回去再說。」霍茂乖乖地跟他們走了。

也許是因為受了挫折，或許是沒有中意的人選，霍與關均未授徒，遺憾地未將絕技留給後人。尤四喇嘛將陰手槍授予同邑人郭玉宏，因他行三，人稱郭三。

《通志稿》對郭玉宏有如下的記載：「郭三，薩拉齊人，天性英邁，狀貌魁梧，慷爽好義，遇事敢為。精技擊，尤長陰手槍法。同年間本邑富商劉定邦與三友善，通財若兄弟，光緒三年，定邦因以操金融獲罪，流徙甘肅山丹縣三年。三代之入獄，三年未滿越獄歸……雲連生其高弟也。」

雲連生（1877～1940），薩拉齊人，蒙族，《通志稿》亦有記載：「雲連生，土默特族人，世業農，家饒於貲。好讀書，精醫理，生平喜武術。嘗漫遊各地，隨在求名師而習之。以故財日散，家日落，絕無悔意。初學楊家槍、八封變化手法於托城吳英。學手搏於同邑趙玉珂，學纏槍於同邑郭玉宏，學炮捶於保定楊一善，學八卦劍法於金山高僧了通。刻苦研究數十年如一日，內外功兼營並

通，尤精者為陰手槍法與八卦劍法。……今充本省國術館及第一中學教員。」隨其習者眾多，但入室得其精者僅幾人，即孫繼先、董吉昌、吳桐。

吳桐（1899～1962），字子琴，托克托縣人，回族。武術世家出身，其祖父吳英（董海川徒弟）、三祖父吳耀均為名拳師。兒時的耳濡目染，在他幼小的心靈中播下技擊的種子，後在其三祖父的精心培養下，繼承了家傳武業，尤其是八卦掌與槍術。在中學畢業時，已有相當功力。後在北京體育專門學校讀書時，太極拳名師吳鑒泉破格地收了他這個唯一不能給師父磕頭的回族學生為門徒。得吳先生的真傳，他的拳藝更為精進。畢業後在母校歸綏一中任教。

1928年，代表綏遠省赴南京，參加第一屆全國國術國考（俗稱「打擂」），以三戰三捷的成績獲甲等獎遐邇聞名。1929年，綏遠省國術館成立，他被任命為副館長（館長由省主席傅作義兼任），主持館內工作，為發展全省的武術事業作出了貢獻。

在此期間，他又拜雲連生為師，學習陰手槍和倒手劍法。因他有太極拳推手及家傳槍術的底功，所以對纏槍勁力聽得準，對槍法領悟快。有幾次，他輕易地破解了雲師的突發進槍。雲驚奇地問：「何以知曉？」他用太極拳理論解釋，深受讚許。他與雲師相處近十年，親若父子，直至1937年「七‧七」事變閉館時，將雲師送回故鄉。

陰把槍是實用性很強的一種槍術，其內容只有單式的應用槍術和對纏對紮等。因所處時代的不同，前輩先師們

所執著追求的是運用槍術，雖經幾代相傳，均採取擇徒傳藝或單傳獨授之法，至雲連生先生，雖擴大了傳授範圍，但因其保守的教法，使多數學員不能得其實。因吳桐與雲師關係特殊（雲是吳門弟子；館長與教練），更主要的是他有接受該槍術的底功，故而被雲選為接班人。

　　吳桐在學習該槍術之後，也許是由於他的職業本能（體育教師和國術館館長）之故，在總結先師們的傳授方法後，便開始思考如何才能將這一優秀的民族文化遺產長久而全面地流傳下去的問題。在冷兵器過逝的現代，要想傳承這一槍術文化，就必須將單式的應用槍術整合在一起，存放在「套路」的武庫中，在傳承中不會丟失。

　　順著這一思路，他自然想到家傳楊家四十槍，並常獨自用陰手握槍法演練著這一套路，在演練中逐步將纏槍內容和用法融合其中。但這一研究因「七‧七」事變而被迫擱置下來。之後，他奉命做抗日地下工作和政務工作，直至抗戰勝利後的 1949 年國術館復館，他又重抄舊業，繼續研究這一課題，終於創編了「陰手纏槍」套路，並在全國性武術運動會上表演，受到武術界的重視，從而填補了該槍術無套路的空白。此期，他將家傳的「靠身捶」編寫成冊（1960 年由人民體育出版社出版）。

趙老同與宋景詩

　　《綏遠通志稿》是 1930 年開始採編的，在採訪中採編人員及主編榮祥先生，對趙老同的身世有所猜測，認為

他來歷不凡，必定與反抗清廷的太平軍、捻軍有關，但終因沒有任何線索，只能以「武藝高強者」載入史冊。

1954 年 8 月，《人民日報》轉給「宋景詩歷史調查組」負責人陳白塵先生的一篇題為《關於宋景詩的去向》的文章。作者吳高明先生在文章中寫到：

「……今年 7 月 3 日我去參觀呼和浩特市舉辦的內蒙古那達幕大會，在會上發現武術表演中的『纏槍』（又名陰把槍），與一般流傳的陽把槍有許多特異之點，因而究其槍法根源。表演者吳桐先生津津有味地告訴我們，最早的傳授人是同治光緒年間的趙老同。趙傳給尤四喇嘛，尤傳給郭三，郭傳給雲連生，雲傳給我們師兄弟。我們的師父雲連生常把趙老同的故事講給我們聽，叫我們不要忘了他，雲老師說：『趙老同，山東人，沒帶家小，因家出了事，淨身跑出來的。趙老同武藝高強，刀槍劍棍樣樣精通，人挺好，愛住鄉，不愛住城，喜歡和窮哥們在一起。出名的徒弟有三個：大徒弟尤四喇嘛，二徒弟關興保，三徒弟霍茂。』趙老同常來往包頭、薩拉齊、歸化間，活到80 歲，最後死在薩拉齊。」

我們就趙老同的故事，走訪在綏研究「通志」多年，熟知當地歷史掌故的榮祥先生，所談大抵相同。關於趙老同傳徒的三個條件，榮祥先生曾親自聽到土默特旂總管滿泰談過，而滿泰是趙老同二徒弟關興保的女婿（應是侄孫女婿 ——筆者）。

「吳高明先生從趙老同的籍貫、年齡、化名、武藝到達歸化的年代，以及思想作風等等推斷說他就是宋景

詩。」

　　吳先生的這一結論，加之當時電影《宋景詩》中主人
翁英雄形象的展現，宋景詩便輕而易舉地在部分陰把槍門
人的傳承系統表中，捷足登上了祖師的寶座，而取代了在
位百年的趙老同。儘管在稍後（1957）出版的《宋景詩歷
史調查記》（後稱《調查記》）主編陳白塵先生，在分析
了諸多資料之後，用「這依然僅止是一個可能，因為在這
兩人之間，還缺少一個可以聯繫的證據」加以否定。但趙
宋合一的見解難以消除。於是圍繞「趙老同是否宋景詩」
的爭論，從此拉開了序幕。

　　除該槍術的門人外，一些史學家亦加入了探討的行
列，歷時近五十年仍未取得統一認識。直至 2000 年仍有
長篇文章在論述趙就是宋的化名。

　　筆者正是在這個爭論之初，跟先父吳桐先生學習該槍
術的，並曾特別注意地聽他講過傳承故事，此後也一直在
關注、搜集和查尋有關資料。

　　經多年研究，對該槍術的歷史有一些粗淺的認識，僅
將搜集的有據資料及研究分析結果分述於下，以明陰把槍
傳承的真實歷史。

　　1. 1983 ～ 1984 年，我和師弟吳敬賢參加呼市及內蒙
二級體委組織的全國性武術挖掘整理工作，曾兩次去薩拉
齊走訪老拳師及知情者。圍繞趙與宋的問題，確也聽到了
多種說法，有些說他們祖先的陰把槍是由趙老同親傳的，
並在傳授過程中，說他就是宋景詩。

　　此後在 1997 年我受託撰寫《內蒙武術志》時，體委

供我的參考資料中，亦看到過同樣的資料。有的傳說更離奇，因無文字資料，我不便記述。使我不得其解的是，為什麼 20 世紀 30 年代初，《通志稿》的採編者，就沒有聽到如此多的傳說呢？

2. 1986 年，劉恩綬先生編著的《陰把槍》中，根據傳說整理的「內蒙古地區陰把槍來歷」有如下的描述：「……其後趙師傅辭世。趙師傅臨終時，囑咐尤四喇嘛將他的遺體送回原籍山東（**具體地點我忘記了**）尤四喇嘛尊師之囑，將其遺體送回山東，見到了師嫂、師侄，料理喪事畢後，小住幾日便要返回。師侄要和他比武，雙方過了過手，結果得知趙師傅只教了尤四喇嘛騎槍，而未教他托槍（**陰把槍有七十二騎槍，三十六托槍**），師侄又用半年時間，教會了他托槍，至此他才完全掌握了陰把槍的槍法。尤四喇嘛在山東學藝期間，他師嫂談及『趙老同是宋景詩的化名』一事，他始知師傅的真實身份。」對此我只能唐突地說一句：「此乃演義之談。」因為不符合當時的歷史背景，宋景詩反清廷，犯的是滅族之罪，家鄉哪有什麼師嫂和師侄。

此外，陰手槍是一種實用性很強的槍術，它的騎槍為上槍，拖槍為下槍，在練習和運用中，它形如蟒蛇，上下槍術緊密結合，才能顯示其技擊威力和特點。如果只有上槍沒有下槍，就會失去全面的攻防意義。可見故事的編造者對槍術是沒有認識的。

3. 在 1994 年由內蒙人民出版社出版的《土默特右旂志・趙老同師徒》（即薩拉齊志）一文中，有這樣的記載：「趙老同原名宋景詩，清道光四年（1824）生，山東堂邑（今聊城西）小劉貫莊人……趙老同的陰手槍法，三十六路進攻之法，七十二路防備之方，上護其身，下護其馬，另有五門精妙攻法，五門奇特破法，絕命三槍，救命三槍，五門進法，以拖槍為絕招，能敗中取勝，使對方防不勝防，非一般槍法可匹敵。」

該志僅憑吳高明先生的概略推斷，就把「趙老同就是宋景詩」的結論，載入陰把槍始傳地（薩拉齊）的史冊，確有極大的誤導作用，不能不使人感到遺憾。史志對槍術的描述，從表面上看，似乎把它說的多奧妙、神奇。實則已把它庸俗化了，失去了真實性。

4. 1997 年，在內蒙古大學學報，人文社會科學版，第二、五期王先生發表過《宋景詩隱身綏西考索》及《宋景詩潛入「歸化」時間考證》兩篇論文，第一篇是用宋景詩能使左把槍論證他就是趙老同。文章指出：「陰把槍和陽把槍主要區別在左手上，左手虎口向內握槍則為陰把，也即左把槍。相反左右手虎口皆向外握槍則為陽把槍，而無所謂左把和右把。」另外說：趙老同所傳的槍術有上盤、中盤、下盤三路，共 108 槍，此數正符合宋景詩的槍法「外號一百趟」的說法。

在第二篇文章中，論述了宋景詩來歸化的時間：即同治六年（1867），甘肅寧夏回民起義東進，薩拉齊廳大規

模築城練丁，嚴守關隘，起義軍偵知繞道而行。審其時並度其情，宋潛入歸化更大的可能是在同治五年或六年，最早是在四年底。

此外尚有兩篇論文，也是載至同一刊物的 1998 年第三期和 2000 年第二期，即：《宋景詩塞上活動考證》與《宋景詩與劉定邦》。大意是說宋化名趙老同在塞外授徒的情況。論文的結論是：「傳說多有歷史的影子，結合歷史與傳說，綜合分析比較，可以判定，趙老同即是宋景詩。」

認祖歸宗

50 年在歷史的長河中，只是彈指一揮間，但卻能使人的黑髮熬成白頭。歷史的發展有其自身的規律，人只能在認識的基礎上去順應它，而絕不能按自己的意願去改變它，否則所寫出的歷史就不能真實地展現給後人。

1. 趙老同與宋景詩根本就不是同輩分之人氏

《通志稿》對趙老同三個徒弟的拳藝成就，均有精妙的描述。其中對二徒弟關興保的記載是：「關興保為滿泰之祖姑夫，泰弱冠時，曾往親省視。關曰：聞孫學藝大進，未審人言確否，今日可一試也。關年近八十，泰憐其老，欲微戰以慰之，不意一交手，而槍已被纏，力抽不能出，急撒手躍避，而手口已點傷，血涔涔矣。老輩造詣精深，有非後學所可想像矣。泰每為僚友言之。」

滿泰與主編《通志稿》的榮祥先生是多年之僚友，可謂這一記載的真實性。

這裡說泰弱冠（古代男子20歲行冠禮）時，關年近八十。祖孫二人年差57～58歲，而滿泰生於1883年（1934年病逝）。那麼，關興保則應生於1826～1825年間，從而可估計出關的師兄尤四喇嘛生年更早。

宋景詩是1824年出生的，與趙老同二徒弟關興保是同代之人。根據傳承慣例，一般師父是父輩之年，應比徒弟大20～40歲。「擇徒傳藝」就是嚴師授徒的規矩，趙的收徒三條件雖未提及年齡，正是因為它已成為傳承關係上一條不成文的規定，若趙是宋的話，那他就是選擇了同齡人和大於自己的人做弟子。試問，如此技藝還有傳承的價值和意義嗎？這無疑是違反傳承法則的。

2. 趙老同與宋景詩遊塞外的年代不同

趙老同何時遊塞外，因歷史記載與師傳略有不同（即咸同間與同光間），而引起誤解，其實這是過去的一種概略計時法，咸豐僅11年，在歷史上會一略而過。我曾按關興保的出生之年（1825～1826）做過估算，若關是在25～30歲向趙學藝的話，這時間應是1850～1855年，與咸豐1851～1862年基本相符。趙老同因其身世之故，是不會招收青年人做徒弟的。

據師傳趙老同是一個不好自我標榜的人，這或許因他就是清廷的要犯之故。他住在尤四喇嘛的家中，人們只知他是尤撫養的老人，而不知他是身懷絕技，並秘密傳授武

藝的武林高手。他常東往歸化，西去包頭，也是為了探聽消息以防不測。

為了自保和不給徒弟惹禍，他對自己的身世守口如瓶，隻字不提，尤、關等弟子為了避免老人憶舊傷感，不願或不敢多問，只是週到地侍奉著他和專注地學技藝。這種心心相印的師徒關係，是合乎情理的。直至他去世後，尤的徒弟才知曉趙是隱身在師父背後的太師爺。

宋景詩反清失敗後，究竟何時入潛歸化地區的呢？《調查記》載：「曹州大戰後，宋景詩的蹤跡在官書裡沒有準確的記載了。只知道一直到同治七年聯軍最後失敗為止，他始終還在和清軍進行著頑強不屈的戰鬥。」對宋景詩的下落則又大致分為兩個時期，《調查記》透過對七百多老農的調查，許多人說宋景詩失敗後去了沂山，有的說有人在南邊的濟寧、徐州或在河南見過宋景詩……時間大約在同治光緒之間，估計是在聯軍失敗後的最初三五年之間的事，即同治末年了。

宋景詩雲遊他鄉的第二個時期《調查記》是這樣記載的：「但到宋景詩晚年，一般傳說他在歸化。」這就是說宋失敗後直至同治末年（即同治十三年），還在雲遊他鄉，而是在晚年時才到達歸化地區。光緒二十六年，宋景詩突然返鄉。

《調查記》載：「但宋景詩既然在歸化隱姓埋名二十年，以一個七十歲的老翁又風塵僕僕冒險回到崗屯，究竟所謂何來呢？」這裡提到在歸化住了20年。也就是說宋景詩入潛歸化的時間，應是光緒五一六年間。從上文可

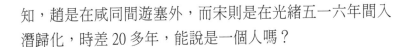

知，趙是在咸同間遊塞外，而宋則是在光緒五一六年間入潛歸化，時差 20 多年，能說是一個人嗎？

3. 宋景詩練的不是陰手槍

《調查記》主編先生在引用農民的話，「宋景詩能使左把槍」之後，又說：「這左把槍正可能就是趙老同的陰把槍。」論文的作者在文章中也說「陰把槍實則就是左把槍」。真是隔行如隔山，要不然二位先生也不會用等號將兩者聯繫在一起。

其實所謂左把槍與右把槍，是指握槍把（即槍竿的底部）的那隻手而言的，而右手握稱為右把槍，用左手握稱為左把槍。另一手握槍桿的中間部分，手虎口向槍尖方向握的，稱為陽把槍；手虎口向槍把方向（或兩手虎口相對）握槍的，稱為陰手槍。因多數人右手有力且靈活，所以多用右手握槍把（即右把槍）。但善使槍者，左右手均能握槍把。估計宋景詩在與清軍的戰鬥中，也使用過左把槍，所以農民們說他能使左把槍。從這個「能」字，可知宋是以右把槍為主的。

此外，宋景詩在山東有多位師父，主要的是孫汝敬。孫的徒弟很多，非宋一人。宋在起義前為了廣交朋友，曾在多處設場，教了不少弟子。如果孫與宋練的是陰手槍，那麼，必定在山東會有該槍術的流傳。

在 1983～1984 年全國開展武術挖掘整理工作時，國家體委曾指示內蒙古體委，必須把陰把槍的材料作為重點進行整理。1984 年 8 月，在承德召開了全國武術掘整工作

展覽會，各省市均設展館展示成果，筆者曾帶著趙與宋的問題，仔細地參觀了山東展館，並問及工作人員山東有無陰把槍，回答是否定的。從國家體委的指示和山東展館成果的展示，可得出宋景詩練的不是陰手槍的結論。

歷史是過去的現實，為了證實趙老同並非宋景詩的化名，我只能再現前人所記錄的史料，連同我個人的查證，以證明該槍術的祖師還應是趙老同。

陰把槍起源探索

從陰把槍槍譜的一些記載來分析，它是在陽把槍的基礎上發展起來的。如槍譜記載：「楊家槍用法使接字，撥手轉花槍；姜家槍用法使進字，維身入環槍；馬家槍用法使攔字，立水槍、拖槍；高家槍用法使纏字，迎面轉花槍；羅家槍用法使拿字，騎槍半路回；趙家槍用法使直字，中平批手轉花槍。」

這「一接二進三攔四纏五拿六直」，與戚繼光的《紀效新書》中的「六合：一接二進三攔四纏五拿六直」一字不差。此外在用槍理論上《紀效新書》中有：長槍短用法；「槍有三大病。一、立身不正，大病；二、當剳不剳，大病；三、三尖不照，大病。」「你槍發，我槍拿，你槍不動我槍剳」等，與纏槍槍譜所載基本一致，在槍法名稱上也有些是相同的，如纏槍、白蛇弄風、青龍獻爪、滴水槍（立水槍）等。可見該槍術是在它的祖師吃透陽把槍、各家槍法的基礎上創編的。

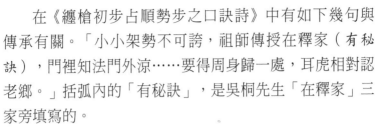

在《纏槍初步占順勢步之口訣詩》中有如下幾句與傳承有關。「小小架勢不可誇，祖師傳授在釋家（有秘訣），門裡知法門外涼……要得周身歸一處，耳虎相對認老鄉。」括弧內的「有秘訣」，是吳桐先生「在釋家」三家旁填寫的。

筆者對其中的兩句，即「祖師傳授在釋家」和「耳虎相對認老鄉」，特別是「釋家」二字，經多次推敲，認為⑴可解釋為佛家。但從師傳和記載來看趙老同並非佛門子弟。⑵按「有秘訣」解釋，則可謂有秘訣，但不傳，或不輕易地傳，所以才有「門外涼」的結局。

另一句「耳虎相對認老鄉」，⑴是周身歸一處的前提，與「三尖照」同義。⑵凡前手陰手握槍者，即為同門派的弟子。屈指粗算，從 20 世紀 30 年代至 80 年代，吳桐先生、劉恩綬先生及筆者等，在全國武術運動全上表演陰把槍，有十幾次之多，但從未遇見過「老鄉」。

結合上文所析，可見《通志稿》中所載的「彼時國內稱為獨傳」的可靠性。那麼誰有資格在這個「傳」字前加上重若泰山的「獨」字呢？

只有趙老同本人，因為這陰把槍只有是他自己創編的，而尤四喇嘛又是他的第一傳人，也是唯一的繼承人，他才能如此地說。

想到此我情不自禁地對前輩傳人的敬仰之情油然而生，正是由於他們的不懈努力，才將這一中華優秀文化得以傳承；同時，也感到自身的重任。但趙老同究竟是何許人，為何孤身遊塞外，有待進一步探討。

附：陰手纏槍主要傳承系統表

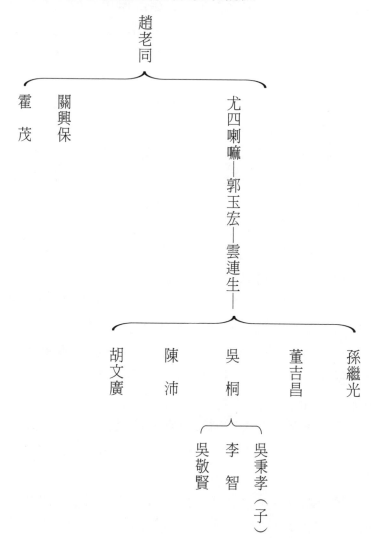

趙老同

霍茂　關興保　尤四喇嘛—郭玉宏—雲連生—

胡文廣　陳沛　吳桐　董吉昌　孫繼光

吳秉孝（子）　李智　吳敬賢

第 2 章

陰把槍基礎

第一節 陰把槍的特點

陰把槍因前手陰手握槍而命名。陰手即手心向下，兩手虎口相對。如此握槍，可使前臂參加活動的臂部對抗肌組，基本處於放鬆狀態，使各關節可最大限度地保持向各個方向的活動範圍，從而給槍術的靈活快速的變化奠定了基礎。

戚繼光在《紀效新書·長兵短用說篇》中云：「夫長兵必短用，何則？長兵架手易老，若不知短用之法，一發不中，或中不在吃緊處，被他短兵一入，收退不及，便為長前誤，即與赤手同矣。」

而陰手握槍，抽槍後肘關節在外，腋下空虛，前臂活動範圍加大，可使長槍短用收到較大的效果。此外，因它左右手對稱握槍，在運用中，可靈活地使出槍棍互變和左、右把槍的奇特用法。傳授中有這樣的口訣：「槍似棍，棍似槍；槍使棍，棍使槍。槍裡藏棍人不知，棍裡藏

槍人難防。」這種長槍短用和槍棍互變的靈活性、多變性，正是該槍術所具有的特點之一。

陰把槍也稱「朝頂槍」，它雙手上舉，使槍過頂，前臂（支撐臂）在移動不大的情況下，能擴大使用槍的範圍，不論彼槍走在何處，都能與之相觸，它居高臨下，進可及其全身，防可避其上下，高低內外，前後長短，都能靈活地纏繞黏隨，使出各種槍術。這亦是它的特殊之點。

該槍術又名「纏槍」，因為它是以螺旋式的纏繞為其主要運動形式的一種槍術，雖然所有的槍術均講究「槍之圓神只有一圈」（《手臂錄》語）「先有圈槍為母」（程宗獻言）。

但陰手握槍，擴大了腕關節的活動範圍，使前手成為活動性的支點，從而使這一圓神的圈槍之母，轉動得更加圓潤而靈活，故名「纏槍」。兩手有機地配合，可使纏繞的圓圈大小可控，勁力剛柔可調，為掌握沾連黏隨的聽勁功夫創造了條件。如此纏繞與槍法相結合，更能使槍技表現得淋漓盡致，使槍威顯示得如虎添翼。

第二節　槍器的結構和握法

自古就有十八般兵器獨有大槍為主之說。大槍以長為它的主要特徵。從一些資料上看，古代大槍的長度並不一致。如《手臂錄》中載：「馬家木槍長九尺七寸。沙家竹竿子丈八至二丈四。楊家木槍丈四為正，加至丈六。」但這長度是用當時的長度單位度量的。而我國古代的尺器一

般比現代的小。如東漢的一尺等於 23.1 公分，而現在一尺卻等於 33.3 公分，所謂張飛的丈八蛇矛（有的說是一丈零八寸，或說是一丈八尺），若用現在的尺器量度，則不過是七尺五寸或一丈二尺多。

據師傳，陰把槍的槍長八尺八寸。這與八卦有關，因「纏槍」也稱「八卦纏槍」或「八卦朝頂槍」。其實自古以來槍的長度並無一個定數。雖然在武術界有「七尺花槍，八尺棍，大竿子一丈零八寸」之說，這也僅能說明花槍、棍和大槍的概略比例，而並非定數。所說沙家竹竿、楊家木槍，也留有因身材而選擇尺碼的餘地，更何況因各時代的量器不一，而不能把古槍長度延用下來，陰手槍的長度，實際也是一個變數。

古論中有「無極而太極，太極生兩儀，兩儀生四象，四象生八卦」；「八卦兩兩重疊，又演變為六十四卦」。可見這八尺八寸內含著因人而異的理念。

筆者認為，槍的長度應以本人直立直臂上舉，槍從腳底至中指尖以上尺許為宜。因這樣的長度，在抽槍（或縮槍）後，前手前仍能留下 2 尺左右的長度，可當短兵器使用。此外，這樣長度的槍也易控制，能更好地發揮槍的性能。槍的重量亦應根據個人的體力而定。槍輕宜飄，無威力；重則宜僵，運用不靈。應在個人勁力允許的情況下，選擇適合自己的「重槍」為宜。當然亦應有一枝輕槍交替使用，以利槍技的掌握。

槍的結構並不複雜，是由槍頭和槍竿（多數是用白蠟竿）組成。槍頭在我國古代的樣式很多，據記載有菠葉

式、蛇腰式、鑽頭式、箭頭式、蕎麥式、柳葉式、劍頭式等。以箭頭式為常見。它三尖兩刃，中間有脊，在槍頭後面常配有紅纓（又叫「迎風甩子」和「血擋」）。陰把槍稱槍為「蟒」，故把槍頭前端有刃的部分稱為「蟒信子」，中間部分稱為「蟒招子」，後部為「褲子」；把槍纓以下一尺的槍桿部分稱為「槍欄位」，把前手前一尺的槍桿部分稱為「拿欄位」。這兩段在槍術的運用中是十分重要的（圖2－1）。

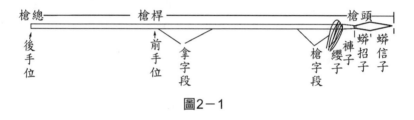

圖2－1

　　槍桿應選擇無大節疤的材料為佳。把頭粗細用中指、拇指度量，以能握攏為宜。傳統的要求是「盈把」，即滿把。槍身應從根至梢漸細，並有較好的彈性，不可太軟，軟則弧圈不可控，亦無挺撐力；亦不可過硬，硬則無彈擊力。槍的重心應在前把稍前處，故在裝槍頭時，應考慮這一問題，即用槍頭的輕重來調節好槍身的重心。

　　在傳授中的握槍方法有：「前臂伸直後臂拉，兩虎相對十指抓。雙臂要垂兩肘下」的口訣。這口訣已繪出了基本的持槍架勢圖，其式如「張弓」。即（以右把槍為例）左手臂側舉，自然伸直，手心向下，手腕內收（向拇指側彎曲），虎口向內，手握槍桿的中部。後臂屈肘，手握槍

把，向外拉撐，鬆肩垂肘，臂略低於肩。具體要求：

⑴左手握槍要牢固，食指、中指與拇指儘量合攏，鎖住槍桿，其餘兩指自然彎曲，緊貼槍桿，以加大搬扣槍桿的力度。

⑵在手指不鬆開的情況下，有時需讓槍桿隨意地前後移動（如刺槍、抽槍），起到「前手如管」的作用。

⑶右手應像人們通常握錐子似的用掌根尺側（小指側）頂住槍端握把。手腕不屈，使小臂基本上與槍桿成一直線，手心向內，置於右胸外側，將槍把牢牢地鎖扣在手掌內。並使槍桿緊貼胸部。這樣持槍，可使兩手臂的肌肉基本處於放鬆狀態。這狀態儲存著向各個方向運動的勢能。

但筆者後來發現一些陰把槍門人，後手握把的方法與前者不同，即握把後小指外側露出把頭，且手心向下。請教之，答曰：如此用把便捷。更有的除露把外，還將肘關節下垂，緊貼肋側，成一種夾腋握把的狀態。其認為如此才符合「鬆肩垂肘」的要求。因老師過世，未有求教處，故只能依據槍譜進行研究，為便於區別兩種不同的握法，故將前者命名為「普通勢」（圖2－2、圖2－3），後者為「拳握勢」（圖2－4）。

在槍譜「騎拖槍用法說」中，前句即為「擰滾悠丟紮，裡翻外展劃」。又在「論前後手的作用」中說：「前手為滾，後手為擰」。普通式握把後（指後手），手腕不屈，能發揮小臂擰轉的力量，從而給槍注入了旋轉的活力。因槍桿的轉動，可使它在紮槍、抽槍時，與彼槍桿

圖2－2

圖2－3

圖2－4

的摩擦，由滑動變為滾動，除省力外，還產生向外的旋力（即離心力），這種力是隱藏在槍的運動之中的，彼槍不易察覺。此外，腕不屈，推刺有力，也符合握槍盡根「一寸長，一寸強」的傳統使槍原則。

另因前手陰手握槍，使槍桿與前臂構成一定的角度，在旋臂與屈（翹）腕時，槍桿基本上就會沿著以腕掌骨為半徑的弧圈進行運動，這弧圈運動即稱之為滾動。

擰與滾的運動，根據槍術的需要可構成合力，亦可單獨使用。如裡翻劃（猶如其他槍術的「拿槍」或「裡批」）即是合力，兩手要緊握。

前臂的滾，可充分地動員前臂（上臂及前小臂）的內旋肌群及手腕的下屈肌群。後手的擰，可使前手臂的旋外肌群充分發揮作用。這樣的合力可使槍桿形成以後手槍把為頂點，基本上以前手腕掌骨為半徑的槍桿錐體形的一種運動（圖 2－5）。

槍尖所畫的弧圈軌跡，則是錐體底部的一部分，弧圈的大小與槍桿的長短成正比（不計槍桿的軟硬度），弧圈的速度與擰滾的速度一致，擰滾越快，弧圈越快。槍尖所顯示的力量（劃擊力）也越強。

更為主要的是，翻槍後，前手臂基本不偏離體側的中線。而「拳握式」握把後，由於手腕向尺側（小指側）彎曲，在做裡翻或外展時，兩手腕同時下屈或上翹，即只有滾而沒有擰，兩手的合力使槍桿所形成的運動形狀則是筒狀形（圖 2－6）。槍尖所繪出的弧圈軌跡較小，所顯示的力量及運動速度，亦不及普通式。

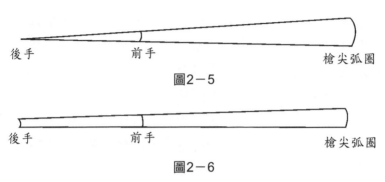

後手　　　　　　前手　　　　　　　　　　　槍尖弧圈

圖2-5

後手　　　　　　前手　　　　　　　　　　　槍尖弧圈

圖2-6

　　筆者曾以上述兩種不同的握法，用「騎槍架勢」（槍尖高與鼻齊）持2.36米長（硬度適中）的白蠟大竿，做「裡翻劃和外展劃」的動作，使槍尖在壁紙上畫出弧圈的投影圖（圖2-7）。

　　圖中OA′、OB′為手臂不用力的裡翻劃和外展劃的投影弧線，弧圈的左右徑約為33公分。OA、OB為手臂用力（但無擺勁）的裡翻劃和外展劃的投影弧線，弧圈左右徑約為46公分，而弧圈的轉角，裡翻可達150度，外展可達120～130度。外展的弧圈半徑較裡翻的弧圈大。另 $\overset{\frown}{AB}$、$\overset{\frown}{BA}$ 弧圈（中間用虛線相連）是裡翻與外展的連續弧圈線。

　　此外，也以拳握勢持槍，用同樣的方式描繪了槍尖的投影圖，結果是手臂用力的弧圈，還不及普通勢不用力的弧圈大，其左右徑約為30公分。若想加大弧圈，則支撐手臂需有向前（胸前）後（背後）的擺動，這樣的擺動，陰手槍稱之為「偏量」。至於所說的「拳握」，是為了用把更便捷的問題。筆者認為握法與用把是一個熟能生巧的

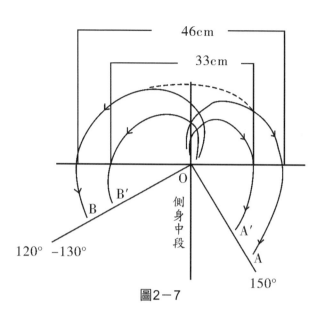

圖2－7

技術問題，而「夾腋握把」則是對「鬆肩垂肘」的誤解。

更值得注意的是，普通勢握把後，腕關節沒有屈曲，手腕與前臂的各運動肌組，均處於待動的平衡狀態，因而給手的外展與內收及環轉運動，提供了寬鬆的條件。槍術的動作都是以前手為支點、後手為力點的槓桿運動方式來完成的。

如上崩、下點、左右掃擺、前後紮掛及裡外纏繞。陰手槍稱「前手為架機之尺規，後手為發槍之主力」，若前後手僵滯，沒有靈活性，則發槍不僅沒有分寸，更會失去力度，而拳握勢，後手握把時，腕關節已有外展的屈度，使關節肌組處於緊張狀態，因而會使手的運動受到限制，阻礙槍術的正常發揮。

第三節　陰把槍的槍法、步法 和基本功法

一、陰把槍的槍法

（一）槍　法

　　陰把槍由於握法別致，所以槍法有其獨特之處，下面僅就基本槍法，加以說明。

　　1. 紮

　　持槍後，以前手為支點，後手前推（不觸及前手），使槍直向前刺，力達槍尖為「紮」。「紮槍如箭」即要求動作快速。

　　2. 撑　滾

　　持槍後，因握槍把的後手臂向內或向外旋轉，而使槍身亦產生同向旋轉運動的為「撑」。因前手腕的下屈、上翹，使槍桿前端產生弧圈運動的為「滾」。槍譜稱「前手為滾、後手為撑」。

　　撑滾常結合使用，有時撑的動作可單獨使用，此時，前手不屈、不翹，只起「前手為管」的支撐作用，但前手的滾須與撑相結合。

　　3. 翻　展（即裡翻外展）

　　騎勢持槍，在撑滾的基礎上，加上臂胸腰的動作即可。裡翻時，前臂內旋，兩肩微收（含胸），腰肌微前縮

（但不顯於外形）。外展時，前臂外旋，兩肩外展，腰肌微後挺（亦不顯形）。肩不可聳，身不可俯仰。翻展可使槍尖產生強力的弧圈運動，以劃擊對手的槍桿和前手，故稱「裡翻外展劃」。

批：動作與翻展相同。該槍術稱中平持槍時的翻展為「批」。批槍時所產生的弧圈較小。

4. 纏 槍

持槍後，後手推至胸前，握把順向或逆向繞圓，使槍尖基本上以前手為支點，按相應的方向繞圓的動作為「纏繞」。纏繞時，前手腕亦有下屈上翹的動作。當後手向上繞時，前手下屈；後手向下繞時，前手上翹，所以產生的圓，應是上下徑大於左右徑的橢圓。

絞：即纏，一般稱用槍把纏繞為「絞」。

5. 點 崩

持槍後，前手突然下屈，後手快而短促地上提，使槍尖猛力向下啄擊的動作為「點」；與此相反，前手突然上翹，後手快而短促地下壓，使槍尖猛力向上彈擊的動作為「崩」。

6. 丟（或殺）

前手握槍，短而輕地向前戳擊為「丟」。槍譜稱「前手為丟，後手為殺」。

7. 撩、挑、托

都是由下向上進擊的槍法。拖勢持槍，前臂上舉，手腕上翹，後手臂內旋並向前推送，使槍尖向上掃劃的動作為「撩」。挑的動作介於撩崩之間。在運用中撩挑常結合

在一起，故稱「撩挑合相用」。該槍術把「裡門上掃」稱為「挑」，「外門上掃」稱為「托」。

8. 提、扶

拖勢持槍，在彼撩挑時，我黏其槍順勢，雙臂上撩（基本上保持原槍勢）的走化動作謂之，其中裡門稱為「提」，外門稱為「扶」。

動作是：前臂上舉，手腕下屈，後手臂內旋，向後上拉，舉拉速度與彼槍一致，目的在於不使彼槍的黏著點向我接近。隨即加速轉扶為托，或轉提為挑。故常合稱為「扶托」和「提挑」。

9. 劈、剁

騎勢或中平持槍，雙手臂迅速向下甩，用槍的前端猛力下擊的動作為「劈」，斜劈為砍。雙手同時迅速而短促地下砸的動作為「剁」。

10. 撐

騎、拖勢持槍，與彼槍相黏。前臂伸直，稍向下壓（騎勢）或稍向上舉（拖槍），後手前推，使槍的前部緊貼彼槍斜著向前下或前上移動的動作為撐。其目的是將彼槍擠開。撐時要配合擰滾動作（**向對方的槍桿方向擰滾**）。如裡門相黏要順向擰滾，外門相黏要逆向擰滾。

11. 抽

持槍與彼槍相黏，在彼進槍時，前臂伸直，後手向後上（拖槍）或向後下（騎槍）拉槍的動作為抽。抽槍時要配合擰滾動作，抽槍的運用有二：

一是彼進槍時的走化，這時抽槍的速度要與彼進槍

的速度相適應，槍譜稱「抽槍如線，抽槍如解」，所謂「線」是在勁力上有澀滯感，不能滑過，這樣才能有效地起到黏帶、黏隨的作用。其方法包括勾、掛、帶。

　　另外抽槍時「不可偏量」，即不可用力外撥，否則會失去「封閉」的作用。所謂「解」是緩衝的意思，把彼槍的力量給以減緩，然後視機出槍。

　　抽的另一個用法是：當己槍被控或走空了，想從背勢中解脫出來，重新進槍，此時的抽槍要快速突然，故亦稱「逃槍」，如應用槍術中的「你用肘躧槍，我用抽刺槍」。

12. 掃

　　兩手持槍向左右橫擺，使槍尖向左右橫擊的動作為「掃」。掃槍時，前臂基本伸直，平擺的幅度要掌握適當，左掃時前腕下屈，右掃時上翹（**以右把槍為例**）。後手的擺動亦不可過大，並有旋臂動作。

13. 撥

　　以前手臂為支點，後手握把配合前手腕的屈翹，向左（**屈**）右（**翹**）擺動，使槍的前部向左右運動為「撥」。動作要平穩，擺動幅度不可過大。撥槍亦常與抽槍配合運用，並有擰槍動作，此時前臂稍有移動。

（二）步型、步法

　　步是武術之根，應做到既要穩又要靈。拳諺講的「步不穩則拳亂，步不快則拳慢」就是這個意思，陰把槍對步法的要求是「左腿開步隨身量，十趾抓地兩膝合」。這隨身量是指步幅的大小。步幅過大，雖較為穩當（**因底面積**

大了，重點底了），但行動起來卻不靈活；如為了靈活，步幅過分拘謹了，那麼，不僅拳勢不舒展，且會出現手忙腳亂的不穩定情況。腳趾抓地，既可加大腳與地面的接觸面積，又可加強踝關節的緊張度，久練可加強腿與腳的勁力（腳底生根），使步子更加穩定。

陰把槍常用的步型、步法有弓步、虛步、仆步、蹲步（包括馬步）、併步、插步、串步等。

1. 弓 步

弓步分順勢步和拗勢步兩種。

順勢步是兩腳左右開立，一腿前弓，小腿基本上與地面垂直，另一腿伸直，兩腳所站立的方向與肩軸的方向一致。兩腳的距離一般以本人腳長的三倍為宜，腳掌與肩軸線約成45°角（圖2-8、圖2-9）。

拗勢步兩腳前後開立，站立方向與肩軸基本垂直，兩腳前後距離同順勢步，但兩腳左右應保持一腳長的間隔

圖2-8

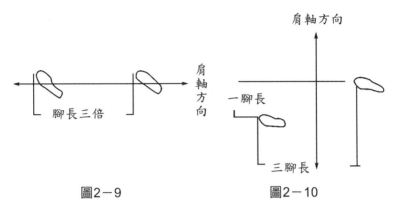

圖2-9　　　　　　　圖2-10

（圖2-10）。前腳尖向前或稍內掃，後腳尖稍外撇。其
他同順勢步。在該槍術的練習中，順勢步較多用。

2. 虛　步

一腿屈膝半蹲，腳尖斜向前；另一腿向前半步，腿微
屈，腳尖點地，腳面繃直（圖2-11）。

3. 仆　步

一腿屈膝下蹲，使臀部接近腳跟，腳尖稍外撇；另一
腿伸直，腳尖內扣，兩腳掌均著地（圖2-12）。

圖2-11　　　　　　　圖2-12

4. 馬步與蹲步

馬步：兩腳左右開立，腳間距約兩腳半，屈膝半蹲，重心在兩腿間。

蹲步：腳間距較小，屈膝深蹲（圖2－13、圖2－14）。

5. 併立步

兩腳左右開立，約一腳距，兩腿稍屈或自然伸直（圖2－15）。

圖2－13

圖2－14

6. 插步與蓋步

插步又稱後交叉步或「偷步」。一腳從另一腿後橫邁出一步，兩腿微屈交叉，全腳掌著地，或前腿屈膝，後腿伸直，腳跟提起（圖2－16）。

蓋步亦稱前交叉步，即一腳從另一腳前橫邁出一步，兩腿微屈交叉，全腳掌著地。

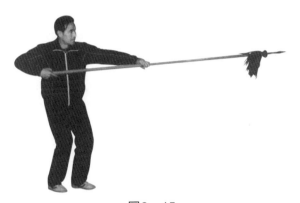

圖2－15

圖2－16

7. 串　步

由左順勢步（如圖2－8）開始，右腳向左腳收靠半步，成併立步（如圖2－15），隨即左腳向左邁出半步，又成左順勢步，接著右腳再向左腳收靠……如此連續進行的側向移動步法，稱為串步。

做串步移動時，兩腿始終保持一定的彎曲度，以防止移動時身體的上下起伏，另外步幅不可過大。拳譜稱「串步之提力」，即腰髖要有上提之意，不落臀下坐，如此才能使步法靈活快捷。移動步法時，腳不可提得過高，但又不可摩擦地面，即接近地面移動，才能加快速度。

串步有進有退，向進攻方向移動的為進，反之為退。退步時，左腳先向右腳收靠，然後右腳再向右後退步，如此連續進行即可。

（三）基本功法

基本功法是在發展身體素質的基礎上，掌握基本專項運動技能的一種訓練手段，透過功法練習，可增強力量和耐久力，發展各關節的靈活性，以及掌握和提高運動技術。陰把槍常練的功法有：功架（*即樁功*）、旋臂滾腕、晃膀、扣指搬腕及抽射槍法。

1. 功　架

功架是運用槍術時的基本持槍架勢。不同的拳械有不同的功架，功架是為拳械技能的有效發揮而設置的。陰把槍有如下的站勢口訣：「……左腿開步隨身量，雙膊要垂兩肘下，胸挺背直賽金剛。前腿彎曲後頂長。十趾抓地兩

膝合，前膊伸直後膊拉，眼視食指在何方，要得周身歸一處，耳虎相對認老鄉。……」這裡指的是順勢步騎槍功架。騎槍是陰把槍的主槍勢，它上可變為朝頂槍、立水槍，下可變為拖槍，運用便捷。

此外對該功架尚有三平和三直的要求，即「前手使槍不可向裡向外猛力搬推；後手不可猛力上下擺槍；前後腿、身法不可向前仰後、以站停方向」（**身正不俯仰，以穩定重心**）。此為三平。三直是：「一要前手高與口直；二要後肘高與肩直；三要眼向槍尖看直。」這一功架再加上兩手的擰滾動作，或許就是歷史上記載的「趙（**老同**）則使尤專練功架，托竿蹲身寂無少動」的內容。

練功架主要是為增強腿部、臂部的力量和耐久力，並提高關節的鬆沉、靈活的敏感度。

功架有空手架和持槍架，其基本架勢是：左順勢步，左臂側平舉，左手外展（**向拇指側彎曲**）成八字掌（**拇指張開**）；右臂屈肘，手指上翹成八字掌，置於右胸外側。這是空手架（圖2－17）。

空手架握槍即為順勢持槍功架（**以右把槍為例**）。左手握槍桿中部，手心向下，手與肩同高（**或稍高於肩**）；右手握槍把，手心向裡，置於右胸外側，槍桿貼

圖2－17

胸部,使槍尖、鼻尖和前腳尖處在一個垂直面內,即所謂「三尖歸一處」,槍尖斜向上,一般高與眼齊。此為騎槍勢。此外,左右把槍應交替進行練習。

幾種槍勢的變化,從騎勢始:若兩臂上舉,槍桿高過頭頂(一般右手比左手高),使槍尖直指對方頭部,此為朝頂槍勢;若兩臂上舉,或右手超頂,左手側平,使槍尖直指對方胸以下部位,為立水槍勢;若左手稍向下,右手稍向上,使槍尖斜向下,直指對方腹、腿部,為拖槍勢(槍桿貼身);若兩手將槍桿基本持平,使槍尖直指對方胸腹部,為中平槍勢。

2. 旋臂滾腕

在持槍功架中,加做右手臂的旋擰與左手腕的屈翹,使槍桿產生擰滾動作(見槍法節「擰滾」)謂之。此動是為了增強運槍勁力,提高使槍技巧與協調能力。因旋擰與滾翻能使槍桿產生旋轉與弧圈運動,而這一運動會給槍術帶來無限的活力。

練習時腕臂要放鬆,動作由小而大,先在騎槍勢中進行,然後可過渡到其他功架。兩手的旋滾須協調一致地行進,此時兩手均緊握槍桿,所產生的旋滾力度較大。亦可使兩手的旋滾分別進行,此時前手握槍不緊,可使後手旋擰的槍桿在手中自由轉動。

旋滾在槍桿上可產生兩種力,一是前手產生的弧圈滾動,一是後手產生的旋擰轉動,兩力若與後手的推刺結合,就是一種吃還並的槍法。但此槍法需有雄厚的功架底功為基礎。

3. 晃 膀

主要是提高肩肘關節的靈活性。兩臂左右側舉（右臂屈肘）做好空手架勢，然後以肩關節為軸，兩臂做順向、或逆向的繞圈動作和右手的推拉動作（圖 2－18～圖 2－20）。這是騎槍勢的晃膀。兩手上舉成朝頂勢可做同樣的練習（圖 2－21、圖 2－22）。此外，由右把槍變成左把槍，亦可做這樣的練習，唯方向相反（圖 2－23～圖 2－26）。晃膀時要求肩關節放鬆，並向後引肩。

圖2－18　　　　圖2－19　　　　圖2－20

圖2－21　　　　圖2－22　　　　圖2－23

圖2—24　　　　　　圖2—25　　　　　　圖2—26

4. 扣指搬腕

陰把槍雖有特殊的優勢，但亦有其缺陷，這就是拇指與食、中指之攏口處，若手指無力，極易被打脫手。槍譜指出「搬虎口之意義」，即在於增強手指的握槍力度，和發展腕關節的支撐力與靈活性。

方法是：將槍尖插在牆角處（固定不動），兩手手心向下依次握住槍把部分，兩臂自然伸直，使手腕儘量外展（向拇指側彎曲），幅度逐漸加大，兩腳左右開立，然後做下列動作。

⑴兩手持槍把左右擺動，向左擺時，左手手指用力搬扣槍桿；向右擺時，右手手指用力搬扣槍桿（圖2－27、圖2－28）。

【要　求】

擺動時肘部儘量伸直，使手腕感到吃力。動作宜慢不宜快。

⑵兩手握槍把，以槍尖為圓心，做順向的和逆向的繞圓動作（圖2－29、圖2－30）。

【要　求】

兩手牢握，臂伸直，肩放鬆。

⑶兩手握緊槍桿，同時做手下屈和上翹的旋擰動作（使槍在手中轉動）（圖2－31、圖2－32）。

此外，為增強握力和手腕力量，可做一些輔助練習。下面僅介紹一種簡單而有效的方法，即在一短棒的中間用繩繫一重物，手握棒的兩端，並在體前平舉，或將棒撐吊（圖2－33、圖2－34）。

然後，兩手交替做手腕下屈動作，使棒順向旋轉，將繩捲起（提升重物），隨即兩手稍鬆，使重物下墜。繼而兩手交替地做翹腕動作，使棒逆向旋轉，將繩捲起……如此反覆練習即可。

5. 抽射槍

抽射槍是陰把槍長槍短用和槍棍互變技術中的重要組成部分。槍譜指出：「我之兩手須將槍身長短隨意射

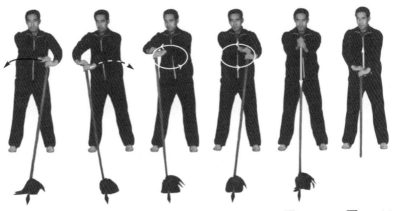

圖2－27　　圖2－28　　圖2－29　　圖2－30　　圖2－31　　圖2－32

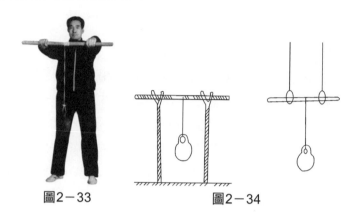

圖2-33　　　　　　圖2-34

活。」即要求既能把槍長短隨意射活，又能握槍牢固。因此，它既是提高控制槍的能力的一種練習，也是長槍短用的技術。抽射槍可分為定步抽射和活步抽射。

⑴定步抽射槍

抽槍是將長槍變短槍的一種方法。持槍後，後手握槍把向後拉，此時前臂伸直不動，前手稍鬆握，使槍桿向後滑動，當後臂基本拉直時，前手緊握槍桿，屈肘繼續向後收拉（使肘尖向左下方），此時，後手稍鬆握使槍桿滑過。如此可使槍桿連續不斷地向後滑動（圖2-35、圖2-36）。

抽槍後，槍的前端應留多長，要根據情況（槍的長度，用法的需要）而定，一般應留：槍纓下至前手50公分左右。抽回的槍可成為騎槍（後手稍低，槍尖斜向上），拖槍（後手稍高，槍尖斜向下）（圖2-37、圖2-38）。

如果槍桿過長，按上述方法抽槍後，仍覺留得較長

圖2－35　　　　　　　　　圖2－36

圖2－37　　　　　　　　　圖2－38

時，那麼可在後手拉直的同時，兩手都鬆握，讓槍桿順慣性向後滑動一段，然後前手再緊握繼續向後拉。

【要　求】

後手與前手的動作要連貫、協調。手指的鬆握需掌握適當，既能使槍桿滑過，又要牢固。槍桿的滑動不能遠離身體，亦不可上下左右擺動。

射槍是將短槍變長槍的一種方法。接抽槍後的持槍勢，前手握槍桿向前（槍尖方向）伸臂戳出，此時，後臂

伸直，後手鬆握使槍桿滑過，當前臂伸直時，後手握槍把屈肘繼續向前推刺。此時，前臂伸直，手稍鬆握，使槍桿滑過（圖2－39～圖2－41）。

如果因槍桿過長，後手握不到把端時，那麼可在前臂伸直的同時，兩手都鬆握，讓槍桿向前滑動一段，當後手握到把端時再向前推刺。

⑵**活步抽射槍**

這一技術是在定步抽射槍的基礎上進行的。這裡僅介

圖2－39　　　　　　　圖2－40

圖2－41

紹進步抽射槍。

①進步抽槍。以左順勢持槍為例，其動作是：在後手向後拉槍時，後腳（*右腳*）向前腳靠攏；當前手收拉時，前腳（*左腳*）向左邁出（圖2－42～圖2－44）。

這種身體向前（*左側*），槍桿向後（*右側*）的相對運動，是以身體向前移動為主。熟練後，也可以只進身而不動槍。

②進步射槍。接上勢，前手向前（*左*）伸臂戳槍時，後腳向前腳收靠；後手向前推刺時，前腳向前（*左*）邁出成順步刺槍勢（圖2－44～圖2－46）。

圖2－42　　　　　　　　　圖2－43

圖2－44　　　　　　　　　圖2－45

圖2－46

③退步抽槍。在後手向後拉槍時，收前腳向後腳靠攏；前手向後收拉時，後腳向後退步，成順勢步。

④退步射槍。在前手向前伸臂戳槍時，收前腳向後腳靠攏；後手向前推刺時，後腳向後退步。

陰把槍中，左右手虎口相對握槍的特點，給練者左右手換手握把，使用好左右把槍，創造了便捷的條件。為了充分發揮這一優勢，必須在掌握了右把槍的纏槍和抽射槍等槍法後，還應練習左把槍的同樣的槍法。

此外，抽射槍在運用中是有變化的，並非僅有前面所講的騎槍模勢，而是可在抽射過程中，同時由騎槍變為拖槍，或由拖槍變為騎槍。只要將抽射槍術掌握純熟了，那麼長兵短用，槍棍互變的技能一定會運用的得心應手。

第3章

陰把槍主要槍術及練法

一、紥 槍

紥是槍術中極為重要的進攻方法。紥是直線攻擊，距離短、速度快。陰把槍的紥槍要求是「紥槍如箭，紥槍如借」，即出槍要平、直、快而有力，隨機靈變，趁空急入。傳授中有這樣的諺語：「忽高忽低，忽左忽右，忽前忽後，變化多端，神鬼莫測。」還要求在紥槍時，前臂挺直，手指要扣緊（前手為架機之尺規），既能使槍桿滑過，又能穩固地支撐。

要求「紥槍應有分寸」，即後手前推的動作，應根據情況有一定的幅度。槍是長器械，是雙手使用的兵器，為把它使用得有分寸，槍紥出後，兩手應保持一定的距離，這是維持好大槍平衡的一個先決條件，而槍桿的平衡卻又是分寸和多變的基礎。如果紥出的槍，遇到阻力就失去平衡，它不僅刺不中目標，即使有靈活多變的技藝，也難以發揮。

　　關於紮槍時，兩手要保持一定的距離，以維持槍桿平衡的道理，可以從下面的力學公式中得到證實。

　　設想紮槍時，遇到防守者外力 F 的阻力，如果它是作用在大槍前端的 C 點上（圖 3－1），因此這個力 F 就對前手 B（支點），構成了一個力矩 M（因為：**力矩＝作用力 × 作用點至支點的距離，即 M ＝ F×CB**）。為了維持槍桿的平衡，就必須給槍桿提供一個與這個力矩反方向的反力矩 M_1，而這個反力矩，只能由後手 A 來提供。假如所遇到的外力 F 是一個定量，那麼它所構成的力矩 M 也是一個定量（**因為作用點 C 是一個定量**）。這時要想保持反力矩的抗衡量，必須從兩個方面來創造條件：

　　即一個是後手的作用力 F_1，一個是兩手間的距離 AB。如果 AB 距離越小，則 F_1 就需越大，反之 AB 越大，F_1 就越小。如果兩手相觸（或前手撒開）就等於後手既是動力點，又是支撐點，這樣 AB ≈ 0。

　　從公式：$M_1 ＝ F_1×AB$ 可知，若 AB ≈ 0，則 $M_1 ≈ 0$，反力矩就不存在了，在這樣的情況下，後手即使費很大的力，也不易控制槍桿的平衡了（**被對手將槍桿擊落或擊遠，一時收不回來**）。

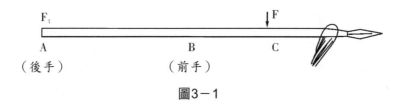

F_1 ｜F

A　　　　　　　　B　　　　　　C

（後手）　　　　　（前手）

圖3－1

　　可見從力學的角度來分析，在使用大槍時，特別是在紮槍時，兩手不宜接觸，而應保持一定的距離，以掌握自身器械的平衡，才能為用好器械創造先決的條件。而兩手間距離的大小，基本上應決定于槍桿的長度和臂部的力量。

　　紮槍具有遠攻的優勢，但這優勢是相對短器械而言的，所以在運用它的時候，一定要把握好它的特點，且根據自身的條件留有餘地，否則一旦走老了，反為其優勢所誤。其長紮短擊，更需要發揮身軀的能動性，只有「身械合一」了，才能更好地突出器械的優勢。

　　陰把槍的用槍原則是不主動進攻，而是在防守中尋機反擊，克敵制勝。師傳中有這樣的教導：「槍見槍不許慌，必先讓他三五槍。」在《騎槍用法說》中，開章兩句即為「攔滾悠丟紮、裡翻外展劃。」其中攔滾翻展是弧圈形的防守法，而「悠」可說是直線形防閉之術，只有「丟、紮、劃」才是還擊。

　　根據這一原則，在槍術的練習中，必先以練防守為主，而防守法，當以攔滾翻展為先。之後再與進攻法（紮槍法）相結合。

　　攔滾翻展，二者密不可分，而攔滾是基礎。攔滾可使槍桿產生轉動與弧圈，與其他槍法結合可有奇特的效應。兩槍相交在攻防進退的周旋中，槍桿必然產生滑動與摩擦，而攔滾使槍桿的轉動，在對方的槍桿上則顯示的是一種滾動摩擦，不僅省力，且使對手不易測覺我的槍力與變化。所以這種給槍桿注入的滾動活力，在槍術的運用中，

可收到事半功倍的效果，因而，也就可使出借用對手進槍之法，而隨機靈變地運用槍術吃還之。如「敵人滾手批槍上，咱用騎槍進步刺喉強」，這就是「紮槍為借」的效果，亦可謂「後發先至」的運用。

1. 擰滾紮槍

中平勢或騎勢持槍，步型不拘，兩手在順向或逆向擰滾中做紮槍練習。（以右把槍為例）。

⑴順向擰滾時，右手同時向左推刺；逆向擰滾時，右手同時抽槍。

⑵逆向擰滾時，右手同時向左推刺；順向擰滾時，右手同時抽槍。

【要　求】

紮槍動作由慢穩逐步過渡到快準，不強力練習。紮抽與擰滾協調一致。

⑶練習同⑴⑵，但在抽槍時恢復到正常的持槍架勢（比⑴⑵轉動的幅度小），即前手手心向下，後手手心向內。因這一持槍勢，兩臂均保持在功能位，可以極快地反擊來自裡、外門的進攻。

2. 翻展紮槍

翻展可產生強有力的弧圈。弧圈所產生的力，是一種離心力。彼槍不論與我槍哪點相觸，都能受到向該點切線方向的一種劃擊力，連續相觸則劃擊力連續增加，故能使彼槍向該弧圈運動的切線方向移位，並劃擊其前手。翻展速度越快，作用力越大，而自己的槍桿卻基本不偏離正中位置。翻與展在攻防意識中，基本是屬防守的範疇。

　　所謂「翻展紮」就是指裡翻或外展後紮刺，即防與攻的結合，在動作規範的前提下，要使這兩個動作緊密連接在一起。槍既紮出，抽槍時有時也要做翻展劃的動作，即裡翻紮後，抽槍時要做外展劃的動作。外展紮後，抽槍要做裡翻劃的動作。

　　其意念是：我在裡翻紮槍時，彼槍順勢繞至外門進攻，故而抽槍時，外展劃擊之。同樣抽槍時，裡翻亦是這個道理。槍術在實戰中，瞬息多變，不能主觀地把日常固定練習模式，搬上去運用。

　　槍譜說：「出入防半回。」比如正在出槍和抽槍時就可能有變化，所以在日常練習時，需把技擊意識貫注於動作之中，此外還可將練習模式多設計些，並熟練之。

3. 騎勢紮槍

⑴裡翻紮槍，外展抽槍。
⑵外展紮槍，裡翻抽槍。
⑶邊翻邊紮和邊展邊紮。

【要　求】

翻展與紮的動作連貫協調。
⑷裡翻外展紮，外展裡翻紮。

【意　念】

我裡翻時，彼槍繞至外門，故隨即外展紮之。

4. 紮九槍

　　紮九槍是陰把槍中傳統的紮槍組合練習。它是用不同的槍術，在上中下三個不同的高度部位，有機地連續用槍法。每一槍都是針對彼槍不同進攻的吃還運用。所以在練

習時，一定要將槍法和意念結合在一起，這樣才能品嘗出
槍法的內涵，而不感乏味，也才能掌握槍術的準確性。

【歌　訣】

持槍之際有比仿，好似爐前一炷香。
左腿向前順勢步，兩膝合步隨身量。
斜視三尖歸一處，兩虎相對十指抓。
出手三槍在天上，次練中平有何妨。
下有三槍在何地，古名三才分九槍。
起手一槍探崑崙，托天反上要使停。
二刺川雲為滾勁，提槍之際來認真。
　　　　　　　（原譜為「忍針」）
繞過鬢眉來入洞，撥雲見日掃天晴。
中平如箭刺乳房，雙膀一沉如金剛。
二刺奪門隨跟進，反桿來槍不可慌。
怪蟒挺身刺喉上，練熟此槍無人擋。
青龍入水不費難，解谿穴內要參纏。
怪蟒戲蝶頭場上，懷中搶月環套環。
收步一槍要提防，直入氣海最難擋。
古法九槍勤學練，十八般兵器唯它強。

　　九槍在練法上，先以固定的步法（即順勢步）為主，
熟練後可根據實際情況，配合步法練習。透過練習，主要
掌握不同高度的擰滾纏繞與紮槍的配合技術。

預備勢

順勢步中平勢或騎勢持槍（圖3－2）。

⑴上三槍

兩手持槍上舉在頭頂之上（朝頂槍），前手腕上翹，後手臂內旋並前推刺出，所刺部位是頭頂（亦指將軍帽頂上的紅纓）即「探崑崙」，刺後立即收回。這是第一槍（圖3－3～圖3－5）。

圖3－2　　　　　　　　　　圖3－3

圖3－4　　　　　　　　　　圖3－5

接上勢，兩手臂順向擰滾並推刺，槍尖略低，所刺部位是眉間，即「川雲」槍，這是第二槍（圖3－6）。

接上勢，後手臂內旋，並向下、向右後上弧形抽拉，前手腕上翹，使槍尖按逆時針方向，向上、向左、向下繞一半圓；接著，後手推刺，所刺部位是嘴，即「繞鬚眉入洞」槍，這是第三槍（圖3－7、圖3－8）。以上是「刺天上」三槍。

【用　法】

我持槍與彼相峙，彼上挑我手臂；我雙臂上舉，手腕

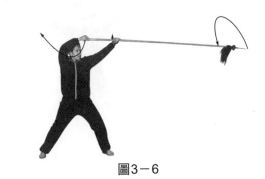

圖3－6

圖3－7　　　　　　　　　　圖3－8

上翹成朝頂槍，並配合右偷步，在避其攻勢的同時，出槍刁刺（即刺即收）其頭部，為第一槍。

　　彼就勢向我面部進攻；我左腳向左前移動，兩手順向撐滾，挪擠其槍，還刺其面（眉間川雲槍），為第二槍。

　　彼趁勢又向裡撥壓我槍；我順其勢，前手上翹，後手邊抽拉邊逆向纏繞至外門，落空其力，隨即刺之，為「繞鬚眉入洞」槍，同時向右前移步。

⑵中三槍

　　接上勢，兩手臂持槍向下沉壓（或下砸）彼槍，為第一槍（圖3-9）。

　　兩手持槍裡翻，刁刺彼前手，為「奪門槍」的第二槍（圖3-10）。

　　接上勢，前手臂持槍，手腕上翹，直向前挺伸；後手握把內旋滾動，並向前下推刺。同時，左腳稍向前移步，腰髖前挺，使槍桿邊逆向撐滾邊向前上方撐挺刺出，所刺部位咽喉，即所謂「怪蟒挺身」的第三槍（圖3-11、圖3-12）。

圖3-9　　　　　　　　　　　　圖3-10

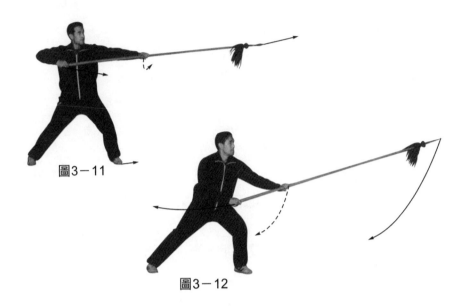

圖3－11

圖3－12

【要　求】

「怪蟒挺身」槍法，前臂支持要穩定；擰滾、前挺、
進步與推刺要協調一致。

【用　法】

接上勢，我用繞鬢眉槍還擊時，彼突用中平槍向我胸
部入刺；我順勢沉臂下砸，隨即滾刺其手。彼又裡門批
刺；我用「怪蟒挺身」，在泄其槍力的同時，還刺其喉。

⑶下三槍

接上勢，後手抽槍，重心後移至右腿，並屈膝下蹲成
左仆步。同時，兩手持槍裡翻，後手前推，使槍尖順向繞
弧向前下刺出，所刺部位為腳面（**解谿穴**），即所謂「青
龍入水」的第一槍（圖3－13、圖3－14）。

　　接著，後手持槍內旋並向下拉壓，前手上翹外旋，使槍向前上崩挑，即所謂「怪蟒戲蝶頭揚上」的第二槍（圖3－15）。

　　接上勢，伸右腿成半蹲勢，左腳屈膝收至右腿前。同時，兩手持槍順向擰滾，右手並向後上抽拉，使槍的前端

圖3－13

圖3－14

圖3－15

向左下帶回。隨即，左腳前落成左順勢步。兩手逆向擰滾
向前下刺出，所刺部位是腹部，即「直入氣海」的第三槍
（圖 3－16、圖 3－17）。隨後可還原成預備勢。

圖3－16　　　　　　　　圖3－17

【用　法】

接上勢，彼又從裡門下刺我腹；我向後退移成左仆
步，在躲避之時，兩手持槍順向擰滾向下還刺其腳（解谿
穴）。彼又翻槍從外門點擊我手，並企圖勾環；我亦在外
門翹前腕向上崩挑其手（挑環），即為「環中抱月環套
環」槍法。

彼動步下刺我腿；我提腿勾帶（順向擰滾），隨即上
步撐彼槍（逆向擰滾）還刺其腹。隨即收槍還原。

紮九槍的練習，要求左右把都要掌握。所以在練完右
把槍後，將槍抽回成左把槍，以槍把代槍尖（可用大桿子
代替）變左順勢步為右順勢步，向右做同樣的練習。這就
是陰把槍所謂的向左右能使同樣槍術的「四圍四紮」。但
初學應以右手握把練習為好。

紮槍的準確度是一個至關重要的問題，因為紮的目的

就是為了「中」。準確度的練法很多，常見的是「扎豎桿」，即豎一竹竿於地面，以固定的扎槍姿勢和扎槍動作，向竹竿進行反覆的扎刺練習。當基本上能扎準後，再在竹竿上畫一些標記進行練習。傳統的練法有扎吊環（大環和小環）等。

扎槍的「分寸」是很難掌握的一種槍技，它不僅要求動作非常純熟，而且也要求眼睛有較強的測視能力。只有長期地練習，才能逐步訓練出兩手扎槍分寸的感覺能力。所以「分寸」準確地說，並非單是槍技，而是支配勁力的一種能力，非長期練習不能獲得。

二、纏　槍

纏槍練習是陰手槍的主要內容，即兩人的槍相搭後，按照一定的纏繞形式，並以「挨靠黏隨」的走槍方法，進行連續畫圓纏繞的一種運動。初學者在搭槍後只要跟隨對方的槍畫圓（先大後小）即可。

透過多次練習，應逐步達到跟隨較緊總不離開，進而即可按照「搬枒提靠撐」的方法纏繞，並以輕靈的柔力去探測對方槍力的虛實、速度、方向的變化，從而採取對應的槍術。所以，吳桐先生稱纏槍為加長手臂的太極推手。雙方的變化都應以對方的槍術、勁力的變化為前提，不可主觀地強纏硬繞。

纏槍練習形式，實際上是從實用槍法中，由上向下的劈、壓、拿和由下向上的撩、挑等攻防方法提煉出來，並

加工成連續攻防的用槍方式。只要將攻與防連接在一起，就構成了一個上下徑長，左右徑短的橢圓，這一橢圓就是纏槍所繞的圓。所以在練習繞圈子時，不可丟掉攻防意識，這就是掌握聽勁功夫的重要方法。

纏槍是雙人練習，但它卻以個人「畫圈子」的練習為基礎。個人練習一方面可發展臂部的支撐力量，另一方面可以提高兩手動作的靈活性，以及它與整個身體的協調性，使纏繞動作做得柔和圓活，這樣便可在互相纏繞中容易黏隨住對方的槍桿。

（一）單　繞（空纏）

順勢步持槍勢。後手前推至胸（正）前，稍低於前手，使槍尖上翹。練習可分為上中下三種姿勢的順纏和逆纏。一般是以中平纏槍為主。下面就以右把中平槍為例，說明動作。

1. 順　纏（又稱內纏）

後手握槍把，按順時針方向（左把槍按逆時針方向）向上（貼胸）、向右、向下、再向左繞圓，使槍尖以前手為支點，亦按同一方向畫圓纏繞時為順纏。後手在繞圓的同時，臂部還要做擰旋動作，好像地球繞太陽既有公轉又有自轉似的，當後手向上、向右繞動時，手臂內旋擰轉。當後手向下、向左繞動時，手臂外旋擰轉。

在纏繞中前臂始終伸直（自然伸直），而手腕有下屈和上翹的活動，當後手向上纏繞時，手腕下屈；後手向下纏繞時，手腕上翹。無論如何繞動，前手手指一定要將槍

桿鎖扣牢（前手如管）。後手臂的旋擰要自然和順。在纏繞中，使兩手的繞圓、擰旋與屈翹協調一致。由於前手的屈翹，實際上使所繞的圓成為一個上下徑較長的橢圓。兩腿和腰亦隨著纏繞微有起伏和伸縮，圓的大小，一般應先大後小，以槍尖為準，大圓在頭膝間，小圓要根據纏繞的實際情況而定（圖3－18、圖3－19）。

2. 逆　纏（亦稱外纏）

後手握槍把按逆時針方向，向右、向上、向左、再向下（貼胸）繞圓，使槍尖以前手為支點，亦按同一方向畫圓纏繞的為逆纏。當後手向右、向上時，手臂內旋擰轉；當後手向左、向下時，手臂外旋擰轉。其他動作同順纏（圖3－20、圖3－21）。

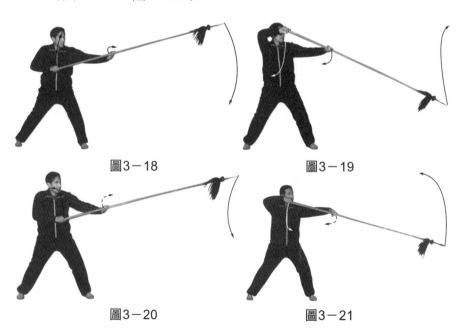

圖3－18　　　　　　　　圖3－19

圖3－20　　　　　　　　圖3－21

3. 上手纏

是兩手舉槍過頂的纏槍練習。其動作與中平纏法基本一樣。

4. 下手纏

是兩腿下蹲，兩手持槍稍低的一種纏法。下蹲時，兩腳稍比肩寬，或仆步。其纏法同前。

（二）活步纏槍

以上是定步纏槍法，在此基礎上可練活步纏槍。活步纏槍有進步（向槍尖方向）纏槍、退步（向槍把方向）纏槍和向左向右（以右把槍為例，背側為左，胸側為右）移步的纏槍法。

進退步纏槍以串步纏槍為主，其優點在於進退靈活，並能保持身體的側向性和無起伏波動的穩定性。

串步纏槍有進步順纏、逆纏和退步順纏、逆纏。

1. 進步順纏

從左順步騎槍勢開始，右腳向左腳靠攏。同時，右手由下向左、向上（貼胸）繞圓，使槍尖由上順向向右、向下纏繞。左腳向左側邁步時，右手由上向右、向下繞圓，使槍尖由下向左、向上纏繞（圖3-22、圖3-23）。

如果預備勢是左順步拖槍勢，那麼當右腳向左腳靠攏時，後手應由上向右、向下繞圓，使槍尖由下向上順向繞圓；左腳向左側邁步時，後手由下向左、向上繞圓，使槍尖由上向右、向下順向纏繞（圖3-24、圖3-25）。

由上述兩種配合形式可知，由於槍尖的起點不一，與

步的配合亦異。像這樣固定形式的槍步配合，僅適合於初練者。從纏槍的實際意義考慮，槍法與步法不應有絕對的固定配合形式，因為在運用中，槍法是靈活多變的，而步法亦是靈活的，可見它們的配合亦需是多變的。

　　當然有的步法用的較多些。至於如何才能真正地將兩者有機而靈活地配合起來，筆者認為，關鍵在於分別將槍法與步法掌握熟練，並在練習中採用多種方式靈活地配合，這是由必然的「固定形式」解脫出來的根本措施。

圖3－22　　　　　　　　　　　　　　圖3－23

圖3－24　　　　　　　　　　　　　　圖3－25

2. 退步順纏

其方法與進步順纏一樣，只是在後手由下向左、向上繞圓時，左腳向右腳靠攏（退步），當後手由上向右、向下繞圓時，右腳向右後退一步。如此連續進行的即為向後退步的順纏槍（圖3－26、圖3－27）。至於串步逆纏槍，可參照「進步順纏槍」進行練習，不另敘述。

3. 左右移步的纏槍

向左移步的順、逆纏和向右移步的順、逆纏，其練法應在以一豎桿為圓心，以槍桿的長度為半徑的圓圈上進行（圖3－28）。

不論從騎勢或拖勢開始，初練應邁兩步繞一圈（同串步纏法），熟練後，可不拘泥這一模式。

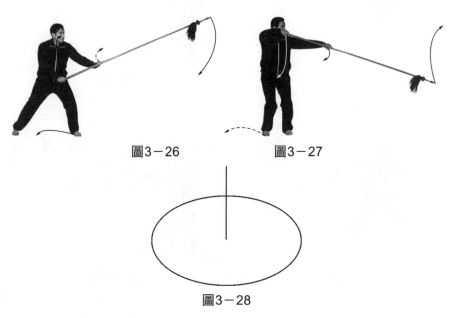

圖3－26　　　　　　　圖3－27

圖3－28

4. 組合練習

此外，還可做一些簡單的組合練習，一方面可初步建立攻防中「吃與還」的概念，另一方面還可基本掌握步法與槍法的配合規律。

⑴**纏與刺（或撩、掃等）的組合練習**（仍可圍繞豎桿練習，並在桿上畫一些標誌）

①騎勢持槍，逆向擰滾纏繞半個圓，成立水槍勢（或拖槍勢），隨即向斜下刺槍。同時，向右前進步（右、左腳或左、右腳或右腳）。刺（初學者）後，可還原成騎勢。如此反覆練習。

【用　法】

二人裡門上搭槍，彼靠抗之力較大，我可順其勢，逆向纏繞至外門，使彼靠抗落空，我從外門刺其身，同時向右前上步。

②騎勢持槍，順向擰滾纏繞半個圓，成立水槍（或拖槍），隨即斜下刺槍。同時，向左退步（或右偷步）。刺後還原成騎勢持槍。

【用　法】

二人外門上槍相搭，彼靠抗之力較大，我可順其勢，順向纏繞至裡門，落空其抗力，並以裡門刺其身，同時向左移步。

③騎勢持槍，順向擰滾纏繞半個圓，成拖勢，隨即向斜下刺槍。同時，向右前上步。刺後還原。

【用　法】

二人裡門上搭槍，彼順桿下劈；我可順其勢，順向纏

繞至外門，使其下劈落空，隨即刺之。同時，向右前上步。

④騎勢持槍，逆向擰滾纏繞半個圓，成拖槍勢，隨即向斜下刺槍。同時，向左後退步。

【用　法】

二人外門上搭槍，彼順桿下劈；我順其勢，逆向纏繞，使其下劈落空，在裡門下刺之。同時，向左移步（或右偷步）。

以上四個攻防槍例，有順、逆纏的右前上步，和順、逆纏的向左後退步，從中可找出一個移動步子的基本規律，即纏繞至外門還擊的，應向右前上步；纏繞至裡門還擊的，應向左後退步。槍譜稱「退步分門換」即指此（見「騎拖槍用法說」淺釋）。

(2)順纏刺槍與逆纏刺槍的組合練習

騎勢持槍，順向擰滾纏繞半個圓，成拖槍勢（或立水槍勢），隨即向斜下刺槍（或撩槍）。同時，向左後移步。接著，逆向擰滾纏半個圓（扶提），隨即向右前掃槍。同時，向右前上步。如此反覆練習。

【用　法】

二人外門上搭槍，彼以力相靠；我順其勢，順向纏繞至裡門，使其靠力落空，便可從裡門撩其手、刺其身，同時，向左後移步。此時，彼又從裡門撩挑我手；我順其勢逆向纏繞（扶提）至外門，使其上撩落空，隨即掃刺其面部，同時向右前上步。

⑶**逆纏刺槍與順纏刺槍的組合練習**

騎勢持槍，逆向擰滾纏繞半個圓，成立水槍勢（或拖槍勢），隨即向斜下刺槍（或撩槍）。同時，向右前上步。接著，順向擰滾纏半個圓（扶托），隨即向前掃刺。同時，向左後移步。如此反覆練習。

【用　法】

二人裡門上搭槍，彼以力搬靠；我順其勢，逆向纏繞至外門，使其搬靠落空，便可從外門撩其手、刺其身，同時向右前上步。此時，彼又從外門撩挑我手；我順勢，順向纏繞（扶托）至裡門，使其撩挑落空，隨即掃刺其面部，同時向左後移步。

上述組合練習，對未學習雙人對纏者來說，不易理解和較難掌握。故需在練習對纏，甚至掌握一些「應用槍術」後，再來學它，則會水到渠成。槍技需練純熟，熟到如戚繼光所說的「心能忘手，手能忘槍」的程度，並在練習中能深悟其意義。

對練是一種實踐，運用已掌握的槍技功夫去探求對方的槍技和勁力，從而逐步提高「聽勁」的能力。單練與對練是相輔相成的，故應相間而練。

（三）定步對纏

在對纏（或對練）中，為避免失手傷人，和消除練習者的恐懼心理，能使練習逼真地進行，傳統的方法是用無槍頭的大桿子代替真槍。桿子的長度一般與槍一致，練法無差別。

　　甲乙兩人持槍側向而立，互相搭槍（兩槍相交）。搭槍分裡、外門上搭槍和裡、外門下搭槍。所謂裡門搭槍，即甲乙兩人均以槍的裡側（身體的胸側面）相交（圖3－29、圖3－30）。外門搭槍，即兩人均以槍的外側（身體的背側面）相交（圖3－31、圖3－32）。

　　所謂上搭槍，即兩槍相交後槍尖斜向上，槍尖的高度一般不超過頭頂。下搭槍，即兩槍相交後，槍尖斜向下，槍尖的高度一般以膝為準。搭槍後（以裡門上搭槍為例）

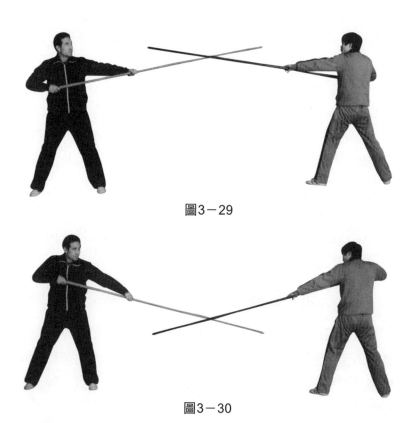

圖3－29

圖3－30

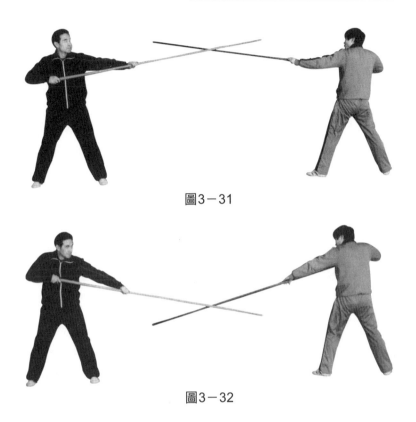

圖3－31

圖3－32

一人主動加力相靠，以示進攻，另一人以相應的力量順勢黏隨，即開始了對纏練習，纏繞的圈子先大後小，十幾圈後轉換纏繞方向。在纏繞中要以柔和的力量去黏隨對方的槍桿。黏著點（即兩槍的交叉點）只能隨槍桿的滾動而移動，不能使這個點消失掉（兩槍離開）。

　　纏繞的速度宜慢不宜快（特別是初學者），並要全神貫注，細心體察，以逐步提高黏隨的感覺力，這樣的練習可謂「繞圈子」。當基本上有了黏隨能力後（兩槍在纏繞

中只有摩擦聲，而無碰擊聲），即可按照「搬扤提靠撐」的內容去練習。

對手雙方的槍器相交的一瞬間，稱之謂「搭槍」。搭槍除應掌握側身立勢、三尖對照、槍尖直指對方要害部位（如上搭槍要直指對方的面部，有威懾力）之外，陰把槍在槍譜中用這樣兩句話來描述搭槍：「要辨明騎槍部位之遠近再搭槍」。「搭槍有輕重，黏綿黏連應」。

第一句指的是在搭槍時，運用好槍器部位的遠近。在前面槍的結構中，說過「拿欄位」與「槍欄位」。因為搭槍時，黏著點的遠近，直接關係到槍的進攻速度和控制對方槍身的效果。如用己槍的「槍欄位」搭在彼槍的「拿欄位」，在纏繞時，我的槍繞圓就小，而彼槍的圓就大；我的槍尖距彼身近，彼槍尖距我身則遠。

師傅有這樣的教導：我「槍」（欄位）拿你「拿」（欄位），你槍要挪「拿」（欄位），拿挪、挪拿要爭奪。即要爭占有利的黏著點。如兩人水準相當時，纏繞的黏著點，一般均保持在「拿欄位」與「槍欄位」之間。

第二句講的是搭槍時的勁力問題（見後面「騎拖槍用法說」淺釋）。

在纏繞時，雖然基本上是以前手為支點，使槍尖繞圓，但由於前手的下屈和上翹動作，實際上已將前手支撐的交點，移在前手之前，這一移動的結果，就使槍尖的圓圈變小了（圖3－33）。從中可以看到，陰把槍在纏繞中以小制大的效果。

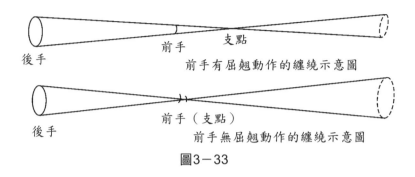

前手有屈翹動作的纏繞示意圖

前手（支點）

前手無屈翹動作的纏繞示意圖

圖3－33

1. 動作分解

纏槍的精髓，是纏繞黏隨的懂勁功夫。有了這種功夫，就能提高「吃還隨勁跟」及「隨槍使槍法」的應變能力。當然細膩而樸實的槍法，也是它的精華所在；然而無前者做基礎，後者雖巧而不靈，所以纏槍法是陰把槍的重要內容的理由就在於此。

事物的發展總是由必然到自由，應變能力的獲得也需要有一個必然地按照「靠搬撐提扗」、「搬扗翻靠撐」進行黏走的過程（注：原譜為「挨靠搬提扗，搬扗提靠撐」，筆者根據練習的體會做了修改）。「靠搬撐提扗」是從下搭槍開始的對纏。「搬扗翻靠撐」是從上搭槍開始的對纏，在實際的對練中僅有「撐提（或扶）扗翻」四字的變化，而「搬靠」（左搬右靠）的黏隨力卻始終貫串於這四字的變化之中。

⑴ 乙撐甲提

甲乙側對而立，裡門下搭槍，在兩槍相靠中，乙順甲之槍桿推撐（有撐滾）並向上撩挑。甲在乙進槍撩挑時，

兩手順勢上提，提至前手稍高於肩時，後手隨即逆向（貼胸向下）繞圓，使槍尖向上、向左逆向纏繞，將乙之槍桿提挑（裡門為提挑，外門為扶托）起來，使之撩挑落空。此時，兩槍由裡門下搭槍過渡到外門上搭槍（圖3－34～圖3－37）。

⑵ **甲扚乙翻**

接上勢，甲順乙之槍桿推進（逆向撐滾）靠展，並向下沉劃（扚）。此時，乙後手握把，貼胸上提順向繞圓，前手腕下屈，槍尖亦向下順向纏繞，使甲之槍力落空。此時，兩槍由外門上搭槍又過渡到裡門下搭槍（圖3－38、圖3－39）。隨即又開始新的「撐與提」和「扚與翻」的練習，如此，乙撐甲提，甲扚乙翻，便構成了一個方向的繞圓纏槍練習。

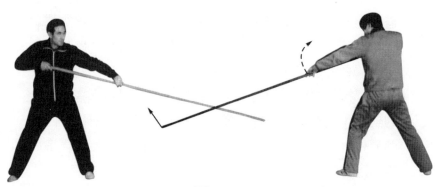

圖3－34

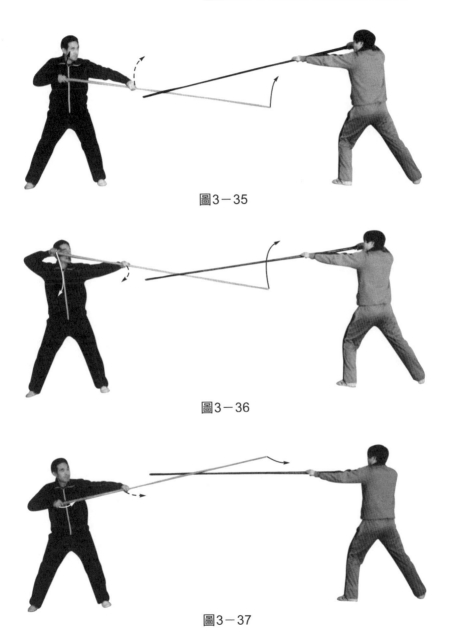

圖3－35

圖3－36

圖3－37

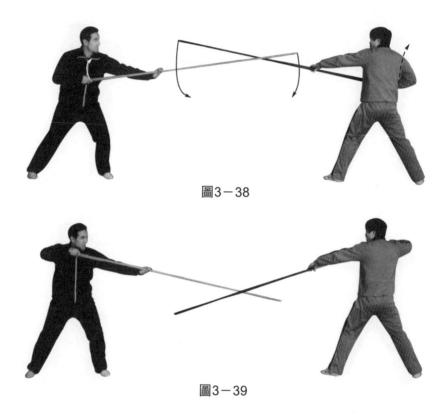

圖3-38

圖3-39

　　提（或扶）是由下向上的轉勢，翻是由上向下的轉
勢，轉勢纏繞一定要以兩槍的黏著點為圓心。撐與扴一個
是由下向上的逼進，一個是由上向下的逼進。提、翻的轉
勢須順應撐、扴的逼進，隨勢而動。能如此則在纏繞中突
出地體現「靠搬」的力度，亦即緊黏彼槍的力度。

2. 技擊應用

　　下面僅以陰把槍中兩個應用槍術為例，說明纏槍的實
際意義。兩槍是「你（乙）用撩手槍，我（甲）用撩手

槍」；「你（甲）用批手槍，我（乙）用翻字槍」。

⑴甲乙兩槍裡門下槍相遇，乙順甲槍向上撩挑其手。甲順其撩勢，亦從乙槍側下撩挑（與提挑同義）其手。乙為避開甲之撩挑，順勢順向繞圓翻槍，至此甲乙兩槍的撩挑均落空，而槍則由裡門下搭槍過渡到外門上搭槍。

這裡所說的乙以撩槍攻甲，甲以撩克撩進行反擊，乙又翻槍避甲之撩挑，就是攻與防的含義，而其形則是由下向上的繞圓。

武術若沒有攻防意識，就失去了它的精髓。就纏槍而言，在繞圈子的過程中，必須將意放在首位。圈子的大小變化，必須隨攻防意識而變化。

⑵接上勢，甲乙兩槍已繞至外門上搭槍。甲用外批槍劃擊乙手。乙順其批勢，又順向繞圓，使甲之批槍向外落空。此時兩槍均順勢向下，又繞到裡門下搭槍。至此兩槍均繞了一個圓。乙是順向，甲是逆向。接著，乙又以撩手槍進攻，開始了第二輪的纏繞……

「扴槍」是介於批槍與按槍之間的一種用法，其走槍方法與按槍相同，僅需在弧圈上掌握適當。

（四）動步對纏

動步對纏應在定步對纏的基礎上進行。對纏方式是：

1. 左右移動的對纏

搭槍後，以兩槍的交點（黏著點）為中心，按順時針方向或逆時針方向移動的纏槍（圖3－40）。練習者移動的步法是同相的，即同時向左後退步，亦可同時向右前進

步。纏槍動作的要求與定步纏槍相同。在對纏的過程中，不論是步法的移動方向，還是順、逆纏槍的方向，均可隨意變換。

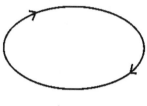

順時針方向移動

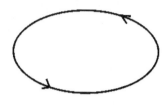

逆時針方向移動

圖3－40

2. 串步進退的對纏

這是直線向前、向後移動的纏槍方式。其纏槍動作與串步動作均與個人練習相同，在此基礎上，只需將兩人的進步與退步加以協調即可。

兩槍相搭，在纏繞中，一個總是順向的，另一人則是逆向的。而順逆纏繞方向的轉換，如果運用得好，即可使趁空急入的出槍（進攻）技能得以提高，同時也可增強聽勁應變（還擊）的能力。

在練習中，雙方均有攻槍的機會，但為使纏繞方向在攻槍中有所轉換（順纏轉為逆纏，或逆纏轉為順纏），一般地說，裡門搭槍時，順向纏繞者攻槍時可轉換，（外門搭槍時，則逆向纏繞者攻槍時可轉換），而另一人攻槍時，則不能轉換。一人攻槍，另一人應變還擊。但為了順逆纏繞的有序進行，和攻槍與應變技能的提高，在應變還

擊時，只做「應變」，不做「還擊」（但還擊的意念不可丟）。如此練習，可使槍技與纏繞融於一體，加之步法、身法的變化，會使人感受到輾轉綿延的圓活之趣。久練還會在這個「旋轉舞臺」上，編導出更加奇特的槍藝。這也是「纏槍」魅力之所在。

纏槍的運動軌跡是一個圓圈，其變化點很多，初練應繞至上搭槍或下搭槍時，轉換較好掌握。如：當繞至上搭（槍）時，攻者可向下劃擊或壓掃，而變者則可順勢反纏。為了纏槍的連續進行，這兒只練聽勁的應變能力，不還擊。當繞至下搭（槍）時，攻者可向前上撐刺、撩挑或橫掃，而變者亦順勢反纏走化。如此，既可轉換二人的纏繞方向，又能使纏槍連續不斷地進行。

在兩槍纏繞時，要求沾連黏隨，挨靠不離，用自己的感覺力去探測彼槍的勁力和動向，這就是所謂的「聽勁」。根據彼槍的動向，我用相應的勁力和槍法應變吃還。從探測應時轉變為吃還，可謂之「懂勁」。

先師吳桐先生指出，纏槍實際上是加長手臂的太極拳推手。在《太極拳論》中有「陰陽相濟，方為懂勁。懂勁後愈練愈精」之語。這裡可將進攻、剛勁、快速視為陽；防守、柔勁、緩慢視為陰。若在纏繞黏隨中探測到彼槍之進攻動向，即在黏隨中走化吃還之，並在走化中，勁力的剛柔與快慢，也在據情而變。這便是陰陽相濟。所以纏槍是掌握槍術中懂勁功夫的極好方式，無此功夫，則再精妙的槍技，也不能得心應手地運用。

三、推　磨

　　槍術的攻防動作是根據人的體型特點設置的，所以纏槍所繞的圓，亦應是上下徑長，左右徑短的橢圓。陰把槍在纏繞時，因有前手腕的滾動，給「橢圓」提供了先決的、自然而柔和的條件。但在該槍術中，還有一種繞平圓的攻防練習，名曰「推磨」或「磨盤」，只出現在一些槍法中，如「你若中部外槍幌，我用黏桿磨盤框」，並在槍譜中亦有「推磨轉抽悠」之句，而卻沒有用像「纏槍」、「悠槍」雙人練習的方式相傳。

　　筆者認為，推磨掃擺，是構成立體攻防（對人體全方位的攻防）槍術中的重要組成部分，故在教學與訓練中，也將這一內容以雙人練習的方式補充其內，擴展了槍法的運轉方位，和槍術間的有機聯繫，從而也拓寬了「隨槍使槍法」的行槍路徑。

　　為了使「推磨」運轉得連貫圓活，這裡僅用左右橫掃（天邊掃月）和掛帶的攻防槍法相對抗來設置練習，並用「黏掃推磨擺，綿隨掛抽帶」來歸納運槍內涵。此槍法多用於上中槍，雖用「推磨」平圓來比喻，但因在「勾掛帶」用槍不可偏量原則的制約下，實際上槍尖的運轉軌跡，僅是一個細長的平面橢圓形。

1. 定步推磨

⑴ 裡門推磨

二人裡門上搭槍，乙向甲順向擰滾擺槍；甲前臂挺

撐，手腕上翹，後手抽槍並逆向擰轉，使槍身斜向上（前高後低），並向後、向右掛帶，同時，體微右轉重心後移，使乙的進槍向右移位，隨即兩手順向擰滾，後手前推，使槍尖循向下、向左、向前的弧線擺掃乙的面部，同時體微左轉，重心前移。

　　乙順甲的攻勢（擺掃），亦運用甲之掛帶槍法化解甲之攻勢，繼而亦用同樣的擺掃槍術還擊之。如此二人往復用擺掃與掛帶之槍法，將兩槍黏隨推磨不已（圖3－41～圖3－43）。

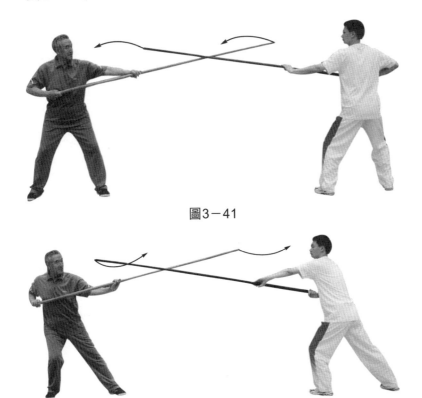

圖3－41

圖3－42

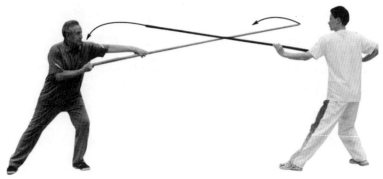

圖3－43

【要　點】

槍速要均勻，用意而不猛力，身械要協調。

⑵**外門推磨**

二人外門上搭槍（圖略），乙向甲逆向擰滾擺槍；甲前臂挺撐，手腕下屈，後手抽槍並順向擰轉，使槍身斜向上並向後、向左掛帶，同時體微左轉，重心後移，如此可使乙的進槍向左移位，隨即兩手逆向擰滾，後手前推，使槍尖循向下、向右、向前之弧線擺掃乙之面部，同時體微右轉，重心前移。

乙順甲之攻勢，亦運用甲之掛帶槍法化解之，還擊之。二人如此往復不已（圖3－44、圖3－45）。

【要　點】

裡門推磨掛帶時，兩手持槍逆向擰滾；反擊時，則要順向擰滾。而外門推磨則相反。

2. 動步推磨

在上述練習的基礎上，可進行動步推磨練習。因擺掃

槍術的橫向性，所以步法主要是向左或向右的移動。下面
僅以右把槍為例說明動作。

⑴ **裡門動步推磨**

　　搭槍後以兩槍的交點為中心，兩人同向左後退步，做
逆時針方向的推磨擺掃。方法應與擺掃和抽帶槍法協調一
致。

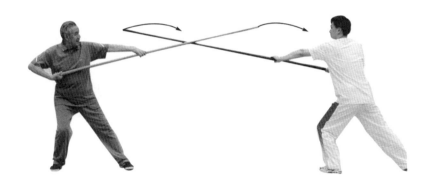

圖3－44

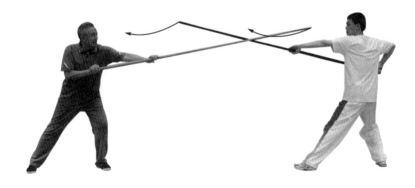

圖3－45

⑵ 外門動步推磨

兩人同時向右前進步，做順時針方向的推磨。

步子的移動與槍法和門別（裡外門）有著密切的關係（見「退步分門換」解）。推磨中的擺掃槍法，只能是裡門向左擺掃，外門向右擺掃，故對步子的移動有所制約，即裡門推磨應向左後退步，外門推磨應向後前進步。

四、悠　槍

悠槍也是陰把槍的主要內容，如果說纏槍是以「繞圈子」的運動形式，去掌握纏繞黏隨的聽勁功夫的話，那麼悠槍卻是以螺旋式直線運動的推拉方式，去掌握同樣的技能。

槍的攻防技能，須在個人單練的基礎上，二人以實戰的方式，對每一槍術的攻防進行實際、反覆地演練，才能掌握其真實的內涵和技藝。悠槍就是掌握這一槍技的主要方法。

悠槍可分為：裡門悠槍、外門悠槍、裡門下悠槍和外門下悠槍，總稱為「四門悠槍」。

兩人持槍側向而立（同纏槍），互相搭槍，一人進槍（前刺），另一人抽槍（拖帶），然後抽搶者變進，進槍者變抽，如此往復悠蕩進行，故稱「悠槍」。不能單純地把悠槍理解為簡單地推攻、攔防的一種直線運動，而須在推攔中，加上擰滾的螺旋轉動。

練習者前臂不可彎曲，而手卻有上翹下屈的滾動。後

手臂在推拉中，與前手的翹屈相配合，做相應的內旋與外旋的撐滾動作。如此螺旋轉動，可使槍力更加隱蔽，獲得事半功倍的效果。

悠槍練習需均速，亦不可猛力（特別是初學者）。如此才能使抽槍時的勾、掛帶有澀滯感，從而能在練習中感到黏隨的勁力，以便掌握隨勁使槍的技能。進槍必要有撐滾、挺撐力，將對方的槍滾開直進。

悠槍的具體走槍方法，搭槍後在往復的推拉中，應按照「抽悠黏隨撥」、「挨靠展帶拖」、「悠閉提攔送」、「勾黏挑紮扔」的黏走方式，去掌握槍的勁力與用槍技術。

1. 定步悠槍

⑴ 裡門悠槍：「抽悠黏隨撥」

甲乙二人裡門上搭槍。乙進槍，前臂伸直內旋，手腕下屈，後手臂外旋向前推刺；同時，身體重心向前移，所刺部位胸部以上，並在進槍中有撐靠之勢。

甲防守，前臂伸直外旋，手腕上翹，並稍向外（右側）撥，右手臂內旋，向後下方抽拉，身體重心稍向後移，如此可在黏隨中用滾動及微撥槍桿之力，將對方的進槍移位，然後隨之進槍……如此一進一抽為裡門悠槍（圖3－46、圖3－47）。

抽槍是重要的防守槍術，槍譜稱：「抽槍如線，抽槍如解。」黏隨彼槍，並隨其槍力而抽回，黏隨要有澀滯感，不能滑脫。其法為勾（下槍）、掛（短用槍）、帶（上槍）。「抽時斜過尖」，將進攻的槍頭撥引至我身邊，以泄其力，但引撥的斜度不可偏量（若「偏量，則線斷，

線斷則衣縫不能閉合」──比喻之詞），否則槍尖遠離目標，易失進攻機會。另外，在抽槍時要緊緊地黏隨彼槍，不可隨意走槍。彼槍力既解，則可趁機出急出銳（「發槍賽電行」）還擊之。

⑵ **外門悠槍：「挨靠展帶拖」**

甲乙兩人外門搭槍。乙進槍，前臂伸直外旋，手腕上

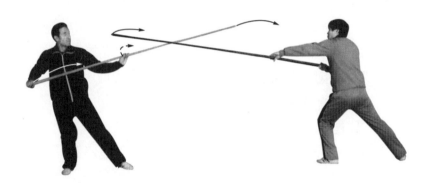

圖3－46

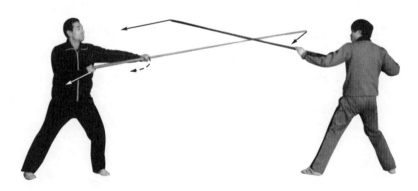

圖3－47

翹，後手臂內旋向前推刺；同時，身體重心稍向前移，前刺中肩有外展之勢，以逼使甲槍偏離中線。

甲防守，前臂伸直內旋，手腕下屈，並稍向外撥，後手臂外旋，向後下方抽拉，同時身體重心稍向後移，如此可在黏靠中將乙的進槍拖帶挪位，然後進槍……如此一進一抽為外門悠槍（圖3－48、圖3－49）。

圖3－48

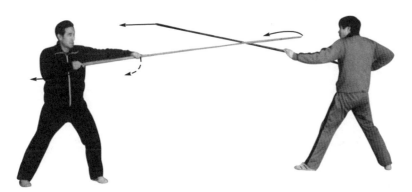

圖3－49

⑶ **裡門下悠槍：「悠閉提攔送」**

二人裡門下搭槍。乙進槍，前臂伸直內旋，並稍向上舉，手腕下屈，後手臂外旋向前下方推刺，所刺部位為腹下腿部；同時，身體重心前移，在推刺中槍桿既向前，又有向上的動作。

甲防守，前臂伸直外旋，手腕上翹，並稍向右撥，後手臂內旋，向後上方抽攔；同時，重心稍向後移，撥槍動作不可過量，如此可在靠隨緊閉中將乙槍提攔在一邊，接著進槍前刺。這樣一抽一刺可謂裡門下悠槍（圖3－50、圖3－51）。

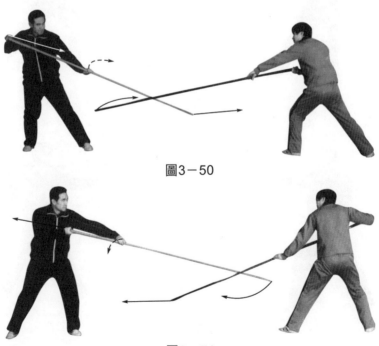

圖3－50

圖3－51

⑷ **外門下悠槍：「勾黏挑托扔」**

　　二人外門下搭槍。乙進槍，前臂伸直外旋並稍上舉，手腕上翹，後手臂內旋，向前推刺，在推刺中槍桿既向前，又有向上撐的動作；同時，重心稍向前移。

　　甲防守，前臂伸直，手腕下屈（鬆握為管），稍向外勾撥，後手臂內旋向後上方抽攔；同時，身體重心稍向後移，接著向前推刺……如此往復，為外門下悠槍（圖3－52、圖3－53）。

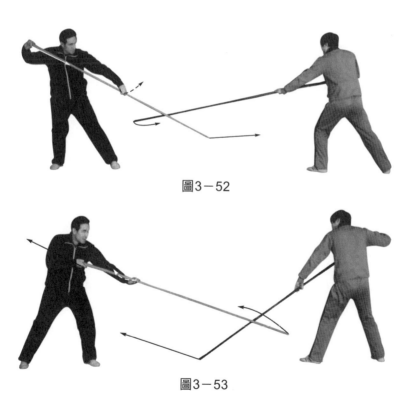

圖3－52

圖3－53

在下悠槍中，前臂在推刺中為什麼還有向上撐的動作呢？因上撐可使己槍接近彼前手，即靠近「拿攔位」（見第二章），因而可取得撐擠的最佳效果。

此外，裡門還有「提」字；外門有「挑、托、扔」，初學者可暫不去管它，待動作熟練後，可在進攻與防守中，加上前手臂微向上提、托的動作，至少在想像中，不可丟掉這一意念。因為此時對手可能在進攻時，變刺為撩，在防守時，變勾、閉為撩挑（以攻為守之法），故而應有「提挑」和「扶托」之思想準備（具體用法見「應用槍法」）。

從上述四門悠槍中，在抽悠用槍時，「擰滾」之法是有序的（除外門下悠槍之防守外），即進槍時向彼槍方向擰滾（攻擊型），防守時反向擰滾（走化型）。其實從一些應用槍法中看，擰滾槍法的使用並無規律可循。如「你用批手槍，我用批手槍」（指裡門槍法），是以批克批，後法先至的用法；「你用批手槍，我用翻字槍」，是引進落空，先化後打的用法；「你用批手槍，我用挺身槍（怪蟒挺身）」，也是後法先至，吃還併的用法。

第一用法雙方均向對方擰滾，第二、三用法，我則用反向擰滾（走化型）。所以，從悠槍練習中，首先應掌握好「前臂伸直挺撐」的槍法，槍譜在「刺槍十大要點」中指出：「我之前臂直向前挺，不可彎曲，以免彼槍串入。」而擰滾在此只增加了槍的活力，使彼槍找不到發力的作用點，起滑脫作用。

外門下悠槍抽槍時亦內旋，是因為右手向後拉槍時，

若用外旋，則腕臂用力不順，此時前手為管沒有滾勁。

不論上槍或下槍，凡進槍（推刺）均有擠靠逼進的意思，但勁力要掌握適當。槍譜稱「騎擠輕浮靠」、「靠抗虛實要」（**實中有虛，虛中有實**）。凡抽槍應隨對方勁力稍有外撥，槍譜稱「抽時斜過尖」，引來槍於空處；但外撥卻「不可偏量」。前刺與抽攔的往返運動，就是掌握「挨靠黏隨」聽勁功夫的過程。聽勁只有在意識的支配下才能收效。

在練習中不可用硬勁，而宜用柔勁，即所謂「勁輕醒意機」。這種柔勁（**柔非軟**）較輕靈，既能掌握對方的虛實度，從而就能在「緊跟應時變」中走化和還擊對方。進槍與抽槍的速度，在練習時不宜太快，特別是抽槍時，應與進槍的速度相一致，這一方面不致使黏著點移向自己一邊，另一方面不致因走的太快（**失去黏隨力**）而使對方獲得變槍的機會，當然在應用槍術中，若對方走空或即將走空時，仍需速變出急出銳以還擊，而在雙人練習時仍需遵循上述原則。

2. 動步悠槍

在定步悠槍的基礎上，按照「退步分門換」的原則進行步法的移動。悠槍可分為上下裡門和上下外門，簡言之即裡外門。移步的方式如下（以右把槍為例）。

⑴ 裡門動步悠槍

搭槍後，以兩槍的交點為中心，兩人在抽悠中同時向左後退步，做順時針方向移動的悠槍。步法與抽悠應協調一致。

⑵ **外門動步悠槍**

兩人在抽悠中，同時向右前進步，做逆時針方向移動的悠槍。

⑶ 在悠槍練習中，若由上悠槍（裡門或外門）轉換成下悠槍（外門下悠或裡門下悠）時，移步的方向，亦應隨之而變動。因由上悠槍黏靠不離地轉換成下悠槍時，其門別隨之而變化。若想上下門別保持不變，必須速抽槍後重新搭槍。

五、「纏、推、悠」槍的綜合練習

在上述三種槍法熟練後，可將它們聯繫在一起，使練習在上下、左右、前後的空間內任意變化，使槍法綿延不斷，以提高黏隨和應變能力。

如「纏槍」繞至上搭槍時，「攻」者變下壓為擺掃，而「變」者則順勢可轉化為掛帶。此時的練習就可變成「推磨」。在「推磨」中，一人在掛帶後，由擺掃變為直刺；而另一人則順其勢，變為展帶（或抽撥）。此時的練習即可轉變為「悠槍」。所謂「推磨轉抽悠」。在「悠槍」中，一人只要將刺槍變為劈、批、按、壓（或下槍中的撩挑）槍法，另一人即可順勢翻槍變成「纏槍」。

這裡僅按照：纏槍—推磨—悠槍—纏槍的轉換，舉例作一說明。其實這些練習，可根據不同槍法的變化而任意轉變，學者在練習中可自悟。

兩槍在上述練習中，若纏黏很緊密，不論如何轉換，

裡門上槍只能變成外門下槍；如果欲想從裡門上槍轉成外門上槍，或由外門下槍轉成裡門下槍，兩槍需有剎時的分離，即一人速抽槍由裡門搭槍變成外門搭槍後，再繼續進行。

此外，這一練習亦可在移動中進行，學者可參照上述動步練習方式，自行研練，此處不贅述。

六、對紮八槍

對紮槍是在掌握了上述槍法的基礎上，向實戰槍術過渡的一種攻防演練法，因為是實戰性的，所以攻防意識需更強。其用槍特點是上下結合，避實攻虛。故必須與步法緊密結合。練法與「紮九槍」截然不同。

對紮八槍，原稱「八門槍」。因用八卦中的「乾、坤、坎、離……」標注槍名，所以又稱「八卦槍」。它是從諸多紮槍部位（或穴位）中，精選出來的要害之點，槍譜載：「如先出槍，一刺人之口，為乾字槍，飛門穴；二刺肋肢，為艮字槍，期門穴；三刺下腹，為坎字槍，氣海穴；四刺咽喉，為兌字槍，廉泉穴；五刺外膝眼，為巽字槍，鼻犢穴；六刺左肩，為震字槍，肩髃穴；七刺陰戶，為坤字槍，下極穴；八刺乳間，為離字槍，膻中穴。」

八卦來源於陰陽學說，在我國古代用它來解釋發展變化著的自然現象和社會現象。它具有樸素的辯證法因素。紮八槍用它來標注，說明紮槍是變化無窮的，所以既不能把它看作僅有八槍，又不能把它的紮法死板化、公式化。

八槍的佈局是上三槍（面、喉、肩）、中三槍（乳、肋、腹）、下二槍（陰、膝）。紮槍的部位雖有序，而紮法卻無嚴格的定式。所以用槍時應遵循「吃還隨勁跟」的原則。透過攻防對紮練習，可使紮槍術從必然逐步走向自由，並與身法步法協調一致。

筆者在學習該槍術時，因故未學此紮法，後經多方考查亦未能找出傳統的對紮模式。為了將該槍術完整地奉獻給讀者，根據槍譜所記載的紮槍部位和順序，配合基本槍法，編排了下面的對紮練習，供練習者參考。

對紮方式應是一人連續進攻，另一人連練防守，八槍後輪換。筆者認為練習時，先應學會進攻與防守的八槍組合動作，然後二人再將動作配合起來，如此更易掌握，此後變換槍法，重新組合對紮內容。

攻防（組合）動作如下。

1. 預備勢

雙方面相對，成高虛步站立，雙手體前持槍，槍尖斜向左前下方（步下持槍勢），目視對方（圖3-54）。

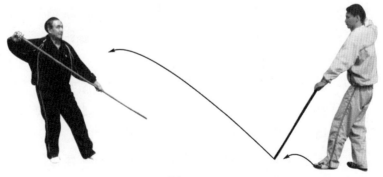

圖3-54

2. 第一槍刺口

乙左腳向前移步；同時，舉槍直刺甲面部（槍譜稱：步下提槍怎何用？上前一步指眉當。這是一種實中藏虛的試探性槍法）。甲在乙舉槍直刺之時，右腳向後移，舉槍速應，在與乙槍相搭之時，兩手順向擰滾，用騎拿槍法還擊（圖3－55～圖3－57）。

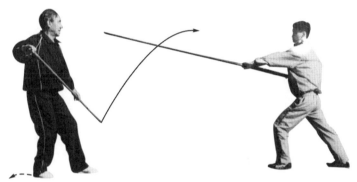

圖3－55

圖3－56

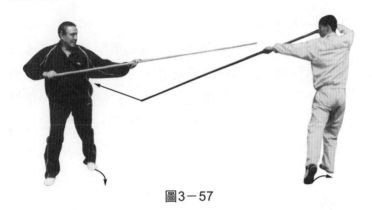

圖3－57

3. 第二槍刺肋

乙被拿擊後，右左腳相繼向右前上步；同時，持槍從甲槍下繞至外門，用中平槍向甲左肋部入刺。甲在乙向左前移步繞槍時，亦向右前移動左右腳（以保持正確的防守方位），並在乙入刺時，兩手逆向擰滾，用槍前端拍擊（或批擊）彼槍（圖3－58、圖3－59）。

圖3－58

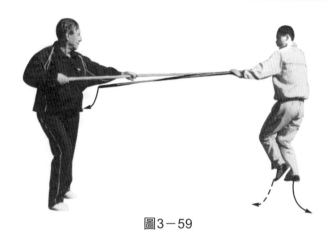

圖3-59

4. 第三槍刺腹

　　乙順甲拍擊之勢，左右腳相繼向左後移動，持槍從甲槍之下繞至裡門，以拖槍勢刺向甲腹。甲右腳後移，並收左腳成左虛；同時，用拖槍勢向裡閉攔（圖3-60、圖3-61）。

圖3-60

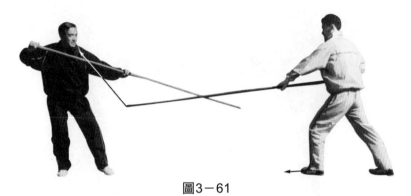

圖3－61

5. 第四槍刺咽

乙槍被攔後，左腳稍向前移；同時，舉槍向甲咽部進刺。甲左腳向左後退步；同時，持槍裡批扣拿（圖3－62、圖3－63）。

圖3－62

圖3－63

6. 第五槍刺左膝

乙順甲批拿之勢，右左腳相繼向右前進步；同時，持槍從甲槍下繞至外門，以拖槍勢向甲左膝入刺。甲左腳向右移動成左虛步；同時，持槍向左腳外側勾攔（圖3－64～圖3－66）。

圖3－64

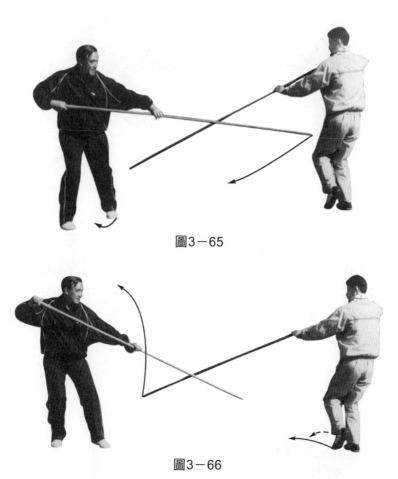

圖3－65

圖3－66

7. 第六槍刺肩

乙左腳向右前移動，右腳跟進（腳尖點地）；同時，持槍上舉成朝頂槍，刺甲左肩。甲右腳向右前移動；同時，持槍上舉成騎槍，並向外翻展劃擊乙槍（或手）（圖3－67、圖3－68）。

此外，甲還可在乙舉槍上刺時，黏其槍向上扶托纏繞，由外門下槍繞至裡門上槍（亦稱過勢槍），隨即拿扣之，其間右左腳相繼向左側移動（此槍法可參考《應用槍法》中外門下撩槍的走槍法與纏槍術）。

圖3－67

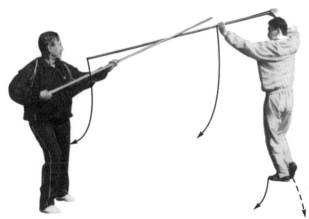

圖3－68

8. 第七槍刺陰

乙順甲反擊之勢，右左腳相繼向左後移動；同時，持槍繞至裡門，以拖槍勢直刺甲下腹。甲在乙逃槍時，黏槍相隨，入刺時拖槍勾帶；同時，右左腳相繼退收成左虛步（圖3－69、圖3－70）。

圖3－69

圖3－70

9. 第八槍刺乳間

乙右腳偷步；同時，舉槍向甲胸間平刺。甲左腳向左後退步；同時，持槍中平批擊（或撻擊）（圖3－71、圖3－72）。

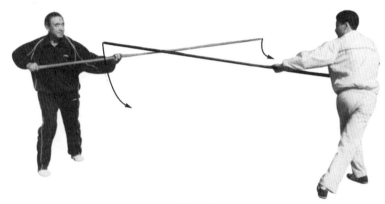

圖3－71

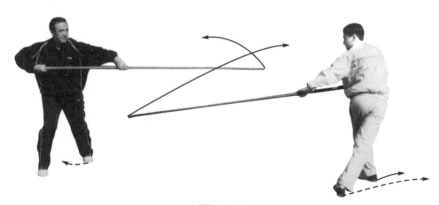

圖3－72

10. 結束初作

乙順批擊之勢，退右腳至原處，左腳收回成左虛步，抱槍勢。甲左腳收至右腳前亦成虛步抱槍勢，（亦可收抱成體前持槍勢），目視對方（圖3-73）。

圖3-73

【要　求】

⑴對紮槍的距離：兩人持槍側身而立，兩腳與肩同寬。用槍尖以下二尺左右的部分搭槍（初學時距離不易太近），確定對槍距離。

⑵攻防動作雖有步法相配，但在實際對槍時，因雙方所邁步子的大小、方向等問題，而紮出的槍不一定能到位，故需在練習中不斷調整，以逐步達到，步隨門換、槍隨勁變、步槍合一的高度協調程度。

第4章

陰把槍套路

一、創編套路的初衷

　　陰把槍是實用性很強的一種槍術，原本只有單個應用槍術的演練和對練，並無套路練習。因所處時代的不同，和前輩先師們的執著追求，經幾代相傳，他們在繼承中，不斷地發展著它的技擊精華。

　　自 1928 年至 1937 年間，吳桐先生從雲連生宗師學習該槍術期間，也許是由於他的職業本能之故，在總結先輩們的傳授方法之後，就開始思考如何才能將這一優秀的民族文化遺產，長久而全面地流傳下去的問題。

　　在冷兵器「過逝」的現代，要想發展武術文化，就必須以「體」為綱，只有抓住這個綱，才能帶動技擊的發展。順著這一思路，自然使他想到家傳楊家四十槍套路，並常獨自用陰手握槍法演練著這個套路。

　　「七‧七」事變，因故迫使他將這一研究擱置下來。直至抗戰勝利後的 1947 年，綏遠省國術館復館，他又重

抄舊業，繼續研究擱置多年的課題，終於將家傳套路與陰手纏槍的內容相結合，創編了「陰把槍套路」，並多次在公開場合表演。

如 1953 年在華北運動會及同年在天津舉辦的第一屆少數民族運動會（均獲一等獎）。以後筆者對個別內容稍加修改與補充，而成現在的套路。

根據槍器的結構，古代槍家常把它喻為「蟒蛇」，如古槍譜中載：「一接二進白蛇弄風，三攔四纏怪蟒反桿，五拿六直趁空急入。」翻開陰把槍譜亦不難看出，前代先師們，除用「怪蟒」稱喻外，還常把槍喻為「青龍」，如：「怪蟒滾松，怪蟒挺身，怪蟒展腰……青龍現爪，青龍換爪……」研其因，如此抽象的命名，主要是為了保密槍術，正如槍譜中所言：「門裡知法門外涼」。

之後隨著冷兵器時代的過逝，門戶之界逐步開放，故在傳授中拳械的動作名稱，亦逐步地通俗化了，在槍譜的記載中，亦不難看出這種與時俱進的變化，如「裡翻外展劃」，「你用上刺槍，我用騎拿槍。」……而這「裡翻劃」，即「騎拿槍」，即「怪蟒滾松」；「外展劃」即「攔槍」，即「怪蟒展腰」。

綜上所述，從陰把槍的傳承中，可概括地看出中華武文化的演變，與各代先師所作的貢獻。

1990 年出版的《陰把槍》套路動作名稱，都是通俗的，本版在通俗名稱後注以抽象名稱，是為了使讀者瞭解該槍術的歷史。因這一套路是先師吳桐綜合家傳楊家槍與陰把槍的內容編製的，故除陰把槍及兩槍術共同的內容都

加注外，部分的家傳內容，或因筆者記不清老名稱，或因對陰把槍抽象名稱理解不足，而不能加以注解，如「怪蟒擺頭」是掃月槍，而「怪蟒影身」也是「天邊掃月」，就顯得很隱蔽，難以理解。

此外，筆者還將套路動作的技擊含義加以說明。因為知其意才能使動作規範化，才能從「形似」逐步過渡到「神似」，才能不丟中華武術的精髓，並能發展提高技藝。有人擔心學了技擊，會誘人鬥毆，其實這是個武德問題，有些人不學武也常去傷害人。

有句諺語講得好，「文以觀心，武以視德。」實際上透過武學中的一些哲理，確可提高人的道德素養，武藝越高，素養也越高，這可是一條規律。

二、套路動作名稱

預備勢

1. 虛步亮勢
2. 弓步挺身刺（怪蟒挺身）
3. 虛步橫抱槍（步下提槍）
4. 上步外展（怪蟒展腰）
5. 弓步紮槍（怪蟒滾松）
6. 蓋步紮槍（怪蟒展腰）
7. 偷步紮槍（怪蟒滾松）
8. 進步外翻紮槍（怪蟒搜林）
9. 弓步裡翻紮槍（怪蟒滾松）

10. 左右截耳槍（怪蟒朝崑崙）

11. 弓步蓋把

12. 回身下紮槍（怪蟒探地穴）

13. 虛步提挑槍（怪蟒探天橋）

14. 虛步抱槍（怪蟒坐洞）

15. 掃劈槍（怪蟒撑尾）

16. 纏掃槍（怪蟒戲身）

17. 左把紮槍（怪蟒滾松）

18. 右朝頂槍（怪蟒繞鬢眉）

19. 左平槍（怪蟒滾松）

20. 轉身架槍

21. 掄掃槍

22. 進步左右撩槍（怪蟒蹬雲）

23. 虛步展抱槍（怪蟒坐洞）

24. 反撩戳把（怪蟒朝北斗）

25. 絞把劈槍（怪蟒倒絞風）

26. 跳步外展槍（怪蟒展腰）

27. 提膝抽槍

28. 撩把轉身刺（青龍換爪）

29. 戳把轉身刺（青龍探爪）

30. 上步橫把（青龍戲爪）

31. 挑把進身刺（青龍換爪）

32. 偷步戳把

33. 仆步劈槍（怪蟒倒絞風）

34. 仆步外展刺（怪蟒戲蝶）

35. 弓步下紮槍（怪蟒頂蓮）

36. 扶托進身刺（怪蟒扶橋）

37. 退步斜劈把（青龍擺尾）

38. 上步掛挑（怪蟒朝鳳）

39. 轉身攔抱槍

40. 馬步右崩槍（怪蟒朝陽）

41. 右掛劈（怪蟒倒絞風）

42. 馬步左崩槍（怪蟒朝陽）

43. 左掛劈（怪蟒倒絞風）

44. 左朝頂槍（怪蟒繞鬢眉）

45. 拖刺槍（怪蟒滾坡）

46. 扶纏進身刺（怪蟒扶橋）

47. 回身左戳槍（怪蟒滾松）

48. 轉身挺刺（怪蟒挺身）

49. 跳步下掃（鐵掃帚）

50. 偷步攔槍（立水槍）

51. 左右擺槍（怪蟒擺頭）

52. 進步纏槍（怪蟒滾雲）

53. 弓步點槍（怪蟒吸食）

54. 進步抽槍

55. 退步射槍

56. 退步纏槍（怪蟒坐洞）

57. 行步拖槍

58. 轉身崩槍（怪蟒朝鳳）

59. 提膝抽槍

60. 收勢

三、動作說明

預備勢

兩腳併步，面向西站立。右手持槍立於身體右側，槍尖向上；左手五指併攏貼靠於左腿側。身體正直，眼向前視（圖4-1）。

【要 點】

兩肩鬆沉，上體自然直立，腿伸直靠攏。

1. 虛步亮勢

⑴ 以右腳掌和左腳跟為軸，向左轉體90°，面向南，左腳稍向前移。同時，左手握槍桿中部（虎口向下），向體前平伸；右手滑握至槍把，並向前推，兩手將槍徐徐斜放於體前（正南），槍尖觸地（圖4-2、圖4-3）。

圖4-1

圖4-2

⑵ 體向左轉，左腳向後退一步，重心移於左腿，微
屈膝；右腳稍收，腳尖點地成右虛步。同時，左手鬆開成
掌，由下經左髖旁向左斜上舉，手心向上，頭正身直。眼
向槍尖方向平視（圖4－4）。

圖4－3

圖4－4

2. 弓步挺身刺（怪蟒挺身）

⑴ 右手握槍把，將槍平托起；左手屈臂經腰側前移，
手心向下在右手前握槍。同時，重心移於右腿，並以右腳
掌為軸，體向右轉，左腳向正南方邁出一步。接著，右手

握把貼胸向右後拉至右胸側，手心向內；左手向左側滑動，使左臂向左平伸，手心向下。同時，重心稍向左移，兩腿下蹲成馬步持槍勢，身正，頭左轉，眼視槍尖方向（圖4－5～圖4－7）。

（2）接上勢，體微左轉，左腳稍向左側移動，右腿蹬直，變馬步為左順勢步。同時，左臂外旋，手腕上翹；右手臂內旋，手心向下，並向前下推，使槍在逆向擰滾中向前上方刺出，槍尖與喉齊高。身正，眼視槍尖方向（圖4－8）。

圖4－5

圖4－6

【要　點】

馬步抱槍時，槍身要緊貼胸部。刺槍時，左臂要向前挺伸，不可左右擺動，兩手要保持一定的距離，槍身要有一定的斜度。

【用　法】

此槍法是絮九槍中的第六槍，即「怪蟒挺身」。其特點是防中有攻的「吃還拼」槍法。

若敵手從裡門小弧圈地向我槍批擊（拿槍）。我黏其槍順其勢，兩手逆向擰滾，後手向前下推刺，擰滾使槍桿

圖4－7

圖4－8

所產生的圓弧，可將彼槍的批勢滾動挪位（化解），而我槍尖則因後手前推與進步挺身可直指向對方咽喉部。

這是擰滾、前推與進步挺身的合力作用所致，關鍵在於前臂滾動中要有向前的挺撐力，這一力度應與挺腰進步協調一致。

槍譜稱：「反桿來槍不可慌，怪蟒挺身刺喉上，練熟此槍無人擋。」但它的運用是有特定的條件，即是針對小弧圈的裡批槍；若批拿弧圈大，可用翻纏。另外，一定要練熟，吃準。否則在前挺時必定會反受其害。

3. 虛步橫抱槍（步下提槍）

體向左轉（面向正南），重心移於右腿，並屈膝半蹲，左腳收於右腳的左前方，腳尖點地成左虛步。同時，右手握槍把，隨轉體向右上拉，手心向下；左手持槍，手腕下屈，直臂向左下滑桿將槍橫抱於體前，槍尖斜向左下方。頭正身直，眼向前平視（圖4-9、圖4-9正面圖）。

圖4-9　　　　　　　圖4-9正面圖

【要　點】

槍與身體的轉動後坐要協調一致。

【用　法】

⑴ 向左下收槍動作有攔槍的作用。即敵手下刺我腿，我可收槍攔撥，隨即用撩掃等槍法還擊之。只是在應用時動作幅度不大，即「不可偏量」。

⑵ 抱槍是亮勢動作，即有意漏出破綻，誘敵手進攻的槍法。槍譜稱：「步下提槍怎何用？上前一步指眉當。」

4. 上步外展（怪蟒展腰）

⑴ 體稍右轉，左腳向西南邁出一步，重心前移，屈膝成左弓步。同時，右手握槍把屈肘推於右胸側，手心向內；左手持槍，手心向後，直臂向左前下攔出。眼視槍尖（圖4－10）。

⑵ 上動不停，右腳向西南上一步，重心前移，屈膝成右弓步。同時，左手持槍上舉並外旋翹腕，右手握把內旋，手心向下，使槍尖由下向右、向上、向左逆向畫半個弧圈，將槍抱於胸前。頭左轉，眼視槍尖方向（東南）（圖4－11）。

圖4－10　　　　　　　　圖4－11

【要　點】

槍與步要協調，在槍尖畫弧圈的同時，槍桿亦有逆向擰轉的動作。

【用　法】

若敵手從下入刺，我進步用拖槍迎應，搭槍後，彼欲撩擊我手，我黏纏並進步外展劃（即外批槍）擊其手。

5. 弓步紮槍（怪蟒滾松）

左腳收至右腳前，腳尖點地成左虛步。同時，左手持槍內旋，手腕下屈，手心向後；右手握把臂外旋，手心向上，使槍尖從左向下畫一弧圈（即裡批槍）。接著，左腳向東南邁出半步，屈膝成左順勢步。同時，右手握把向前推刺，身正。眼視槍尖方向（圖4－12、圖4－13）。

圖4－12　　　　　　　　　　圖4－13

【要　點】

批槍與刺槍要連貫，左臂伸直。紮槍後兩手要保持一定的距離，身體基本上要保持側向姿勢。

【用　法】

接上勢，我外展劃擊彼手時，彼從下繞至裡門，再次進攻（如批刺）。我隨即裡翻批刺之。此槍法有「以批克批」的作用。

6. 蓋步紮槍（怪蟒展腰）

⑴ 右腳從左腳前（向東南）邁出一步成蓋步（前交叉步）。同時，右手握把內旋並後拉，手心向下；左手持槍，臂外旋手腕上翹，使槍尖逆向畫弧，做外批動作。身正，眼視槍尖方向（圖4－14）。

⑵ 上動不停，重心移於右腿，左腳向東南邁出一步，屈膝成左順勢步。同時，做紮槍動作。身正，眼視槍尖方向（圖4－15）。

圖4－14　　　　　　　　　　圖4－15

【要　點】

右左腳上步快速，與批紮要協調一致。

【用　法】

若敵手從外門上槍進攻。我蓋步外展批拿。蓋步可使

身體向右移動，即能收到在閃身中還擊的效果。批拿後隨即進攻（紮槍）。

7. 偷步紮槍（怪蟒滾松）

重心移於左腿，右腳向左腿後（東南）邁出一步成右偷步（後叉步）。同時，右手握把後拉並外旋，手心向上；左臂伸直內旋，手腕下屈，使槍尖順向畫弧，做裡批槍動作。隨即，重心移於右腿，左腳向東南再邁出一步，屈膝成左順勢步，並做紮槍動作。身正，眼視槍尖方向（圖4－16、圖4－17）。

圖4－16

圖4－17

【要 點】

同6的要點。

【用 法】

若敵手從裡門上槍進攻，我偷步裡翻批拿。偷步可使身體向左移動，即在閃身中還擊之。

從6、7兩動中的外門槍用蓋步、裡門槍用偷步的步法運用中，可正確地理解槍譜中「退步分門換」（見「騎拖槍用法」解）的實際意思。

8. 進步外翻絮槍（怪蟒搜林）

重心移於左腿，右腳向東南邁出一步，體向左轉（面向東南）。同時，左手持槍，臂外旋手腕上翹；右手臂內旋，屈肘上舉至頭的左上方，使槍尖向左、向下逆向弧形下翻，槍尖高在胸腰間。翻槍後，右手迅速前推，槍尖向前點刺。上體稍向後仰，眼視槍尖方向（圖4－18）。

圖4－18

【要　點】

兩手翻槍後，使槍桿置於左肩上方，點刺要快。

【用　法】

⑴ 若敵手從裡門劈壓我槍。我順勢黏槍外翻，並從外門刁刺之。

⑵ 若敵手從外門上槍進刺。我兩手朝頂外翻，用槍桿側翻的撞擊力（快而脆），將其進槍擊開；同時，快速點刺其肋部。

9. 弓步裡翻紮槍（怪蟒滾松）

重心移於右腿，左腳向東南邁出一步，屈膝成左順勢步，體向右轉。同時，左手持槍，臂內旋，手腕下屈；右手握槍把下翻至右胸下（手心向裡）前推，使槍在順向畫弧中前刺。身正，眼視槍尖方向（圖4－19、圖4－20）。

圖4－19　　　　　　　　　　圖4－20

【要　點】

上步翻槍與刺槍要連貫協調。刺槍後左手稍高於右手。

【用　法】

同動作7。

10. 左右截耳槍（怪蟒朝崑崙）

⑴ 右手握槍把，向右後上抽拉，手心向下；左手持槍，直臂向左下收回，使槍前端順左腿的外側向後勾帶。同時，重心移於右腿，左腳收回，隨即向右前方（**正南**）邁出；繼而右腳向東南方上一步，屈膝成右弓步。與此同時，左手持槍，屈臂將槍收於左腋下，屈腕手心向上；右手持槍，直臂順勢從右後向左前平擺（擺動中向前滑桿），用把平擊，手心向下，槍把與耳齊高。身正，眼視槍把（圖4-21～圖4-23）。

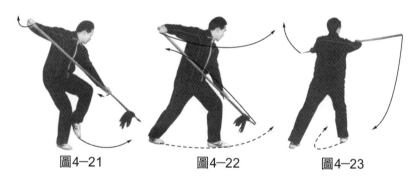

圖4-21　　　　圖4-22　　　　圖4-23

⑵ 重心向後移於左腿，右腳收回隨即向左前方（**偏東方向**）邁出。同時，左手握槍向左後上抽拉，右手持槍直臂向右下（**右腿外側**）收回。接著，左腳向東南方向邁出一步，屈膝成左弓步。與此同時，右手握槍，屈肘將槍把部收於右腋下，手心向上；左手持槍，直臂順勢向右前平擺（擺動中向前滑桿），用槍前端平擊，手心向下，槍尖

圖4—24　　　　　　　圖4—25

與耳齊高。身正，眼視槍尖方向（圖4－24、圖4－25）。

【要　點】

動作要連貫，步與槍要協調，擺打時要結合抖腕動作，上步要走弧線。

【用　法】

若敵手從外門刺我左腿。我在移動左腳（弧形步）的同時，向左後側黏槍抽攔（截槍），以解其力，接著速進步，用把橫擊其左耳部，謂「左截耳」。若對方又攻我右腿。我在移動右腳的同時，向右後側黏槍抽攔（截槍），並速進步，用槍的前端擊其右耳部，謂「右截耳」。此法即該槍術的槍棍互變法。

11. 弓步蓋把

此動與截耳槍(1)基本相同，只是在上步時，右手臂上舉，將槍把由上向前劈打，把與頭齊高。身正，眼視槍把（圖4－26、圖4－27）。

圖4—26

圖4—27

12. 回身下紮槍（怪蟒探地穴）

左手握槍向左後（西北）下抽拉，右臂伸直不動，槍桿從右手中滑過。接著，以兩腳掌為軸向左後轉體，面向西北，重心移于左腿，成左弓步。同時，右手握槍把，向前下方推刺，槍尖離地面約 20 公分，體稍前傾。眼視槍尖方向（圖 4－28、圖 4－29）。

圖4—28

圖4─29

【要　點】

左右手的拉與推要連貫。轉體弓步與刺槍動作要協調一致，槍尖不能觸地。

【用　法】

若發現敵手從身後進攻，我即向身後抽槍推刺。這是該槍術的長短互變和「四圍四紮」的用法。「地穴」指腳背。

13. 虛步提挑槍（怪蟒探天橋）

體微右轉（面向西北），重心後移，右腿微屈，左腳收回半步，腳尖點地成左虛步。同時，左手持槍，直臂上舉；右手握把向右後上拉，使槍桿斜著向上提起。當左臂舉平時，右手握把迅速下壓至左髖前，手心向裡。左臂加速繼續上舉，至左肩前上方，手心向前；同時，體微左轉，從而使槍桿在向上提扶中，突然變為向前上挑崩的動作。身正，眼視正前方（圖4─30、圖4─31）。

圖4—30　　　　　　　　　　圖4—31

【要　點】

　　左臂始終要伸直（自然伸直），手指既要牢握，又能使槍桿靈活地滑過。提扶與挑崩要連貫，提扶要柔，挑崩要快而有力。

【用　法】

　　若敵槍與我槍裡門或外門下槍相搭，且欲順槍桿撩挑我手。我黏其桿順勢向上提拉，目的在於不使兩槍的黏著點靠近我手，然後，順向上提拉的慣性，將槍桿插在彼槍下，突然加速，變提拉為挑崩，用力要猛而速，如此可將彼槍向上拋出，亦可趁勢順其槍桿撐撩其手，所謂「你用撩手槍，我用撩手槍」的「以撩克撩」的槍法。

14. 虛步抱槍（怪蟒坐洞）

⑴ 兩手（*不動*）稍鬆握，使槍桿從左腿外側下滑約二尺。接著，左腳向西南退一步成右弓步，上體稍前傾。同時，左手握槍，屈肘下壓至左髖旁，手腕上翹，手心向下；右手持槍，直臂向右前方（*東北*）撩把。眼視槍把方向（圖 4 − 32、圖 4 − 33）。

⑵ 上動不停，重心繼續後移，右腳向後（*西南*）退一步，成左弓步，上體隨之右轉。與此同時，右手握槍，屈肘向右上勾掛；左手持槍，直臂從左向右擺撩，至右前下方。上體前傾，眼隨槍尖轉動（圖 4 − 34、圖 4 − 35）。

⑶ 上動不停，重心後移並屈右腿，左腳稍收，腳尖點地成左虛步。同時，左手持槍，臂外旋，並從下向右上弧形上舉，接著屈肘抱槍於左胸前；右手握槍向右後下拉，從而使槍尖向右、向上、再向左逆向畫弧至左肩前，槍尖與頭齊高。身正，眼視槍尖方向（圖 4 − 36）。

圖4−32　　　　　　　　　圖4−33

圖4—34　　　　　　　圖4—35

圖4—36

【要　點】

　　動作要連貫，身械要協調。掛把後右手向後滑握，使槍前端放長。抱槍時要側身，槍尖與左肩相對。

【用　法】

　　若敵手下刺我腿；我退步的同時用把向右撩撥。彼抽槍再刺；我再退步，並用槍撩撥。彼上刺；我向後閃身，並隨勢黏纏外展，將其槍翻甩至左外側。

15. 掃劈槍（怪蟒摔尾）

⑴接上勢，抱槍姿勢不變，從左腳開始向東北方向走三或五步（圖4－37）。

⑵上動不停，當左腳邁出最後一步之後，屈膝半蹲，並以左腳掌為軸迅速向左轉體；右腳尖內扣直腿前掃，至左腳前方（東北）。同時，左手持槍，手腕下屈，並向小指側彎曲，使槍尖向左後勾回；右手持槍，直臂從後經右髖旁，向左前橫擺掃擊（至東北方），手心向下，槍把高於踝、低於膝。上體稍左傾，眼視槍把方向（圖4－38、圖4－39）。

⑶上動不停，右腿屈膝上提。同時，右手握槍上舉，使槍桿豎直舉起；左手撒開手臂外旋（虎口向上），順右手向下滑握槍的把端。接著，右腳前落成馬步。同時，右手（鬆握手腕內旋，虎口由向上轉為向下握槍）持槍向右（東北）下劈；左手握槍把向左髖前拉回，槍身與髖同高。身正，頭右轉，眼視槍尖方向（圖4－40、圖4－41）。

圖4—37　　　　　　　　圖4—38

圖4—39　　　　　　　　圖4—40

圖4—41

【要　點】

　　行步時身體不可上下起伏，步法要連貫穩健，掃把與轉身要協調。提槍時左手下滑要迅速，右手換握要在上舉後、下劈前進行。

【用　法】

若敵手刺我腿部；我轉身以把側擊之（搭擊法），用力要速而脆，使彼槍遠離，隨即用槍劈擊其身。「撐尾」是指用把擊打而言。

換手握槍，即左把槍換成右把槍，或右把槍換成左把槍，是陰把槍的特點之一，因而也就會出現，在換把時，由陰手轉換為陽手或由陽手轉換為陰手握槍的問題。這也是該槍術中技術運用的一種手法，必須熟練地掌握它（否則極易脫手），才能用好槍術。換把一般是在兩力交換時進行。

16. 纏掃槍（怪蟒戲身）

⑴ 重心移至左腿，右腳向西北方邁出一步。同時，右手持槍（手心向下）向前（西北）下擺動，左手握把向胸前推移。繼而，左腳向西北方邁出一步，屈膝成左弓步。右手持槍向上、向後順向繞圓，左手握把向下、向前順向繞圓。當右手繞至後上時，右腳向左腳併攏（稍下蹲）。同時，右手持槍猛力下按，手心向下；左手握把迅速而短促地上提，從而使槍前端在纏繞中突然下壓。身正，眼隨槍尖（圖4－42～圖4－44）。

⑵ 上動不停，左腳再向西北邁一步，屈膝成左弓步。右手持槍迅速向前上方擺動，手腕上翹；左手握把前推，使槍前端向前上方掃出，槍尖高與胸齊。身正，眼視槍尖方向（圖4－45）。

【要　點】

纏繞動作要連貫，勁力要柔和。下壓動作快而猛。掃

槍要迅速有力。以上動作均與步法協調一致。

【用　法】

　　敵與我下槍相遇，彼順桿向上撩擊；我黏槍順勢向上
提扶（纏繞），使其撩勢落空。彼又順桿向下壓劈；我順
勢猛力下壓，隨即向前掃擊其身。「戲身」即有戲耍敵方
之意，用「以撩克撩」、「以壓克壓」的槍術周旋，然後
還擊之。

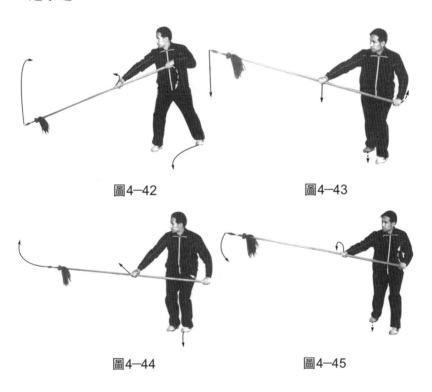

圖4—42　　　　　　　　　　圖4—43

圖4—44　　　　　　　　　　圖4—45

17. 左把紮槍（怪蟒滾松）

　　左手握槍把提至左胸側，手心向裡。右腳收至左腳

旁，腳尖點地成右丁步持槍勢。接著，右手持槍臂內旋，
左手臂外旋並向前（北）推刺。同時，右腳向右側（北）
邁出一步屈膝成右順勢步，身正，眼視槍尖方向（圖4－
46、圖4－47）。

圖4－46

圖4－47

【要　點】

槍桿的旋擰、推刺與步法要協調一致。

【用　法】

同動作7偷步紮槍，所謂「以批克批」的用法。

18. 右朝頂槍（怪蟒繞鬚眉）

⑴ 左腳從右腳後插出一步，成左偷步。同時，兩手持槍上舉翹腕，左臂微屈，右臂伸直，兩肩向後展，使槍桿置於頭頂之上，上舉後左手迅速向前推刺（刁刺），刺後左手立即收回（圖4－48）。

圖4－48

⑵上動不停，重心移於左腿，右腳向北邁步。同時，兩手持槍逆向擰滾，左手前推，使槍前端在逆向弧圈中向前刺出。

接著，右腳向右落地，屈膝成右順勢步。同時，左手握把臂內旋，手腕上翹（手心向上），並由上向下（額前）、向左後上方弧形提拉，右手持槍手腕上翹，從而使槍尖向上、向右順向繞一半圓，隨即左手向前推刺。身正，頭右轉，眼視槍尖方向（圖4－49～圖4－52）。

圖4—49   圖4—50

圖4—51   圖4—52

【要　點】

三槍的動作要連貫，其高度是：第一槍頭頂，第二槍眉心，第三槍嘴。第二槍是在邁步過程中完成的，後手前推動作不可過大，均為快速刁刺（此槍即「絮九槍」中的上三槍）。

【用　法】

若我騎勢持槍時，敵手從裡門上挑我手臂；我順勢雙臂上舉，手腕上翹，成朝頂過勢槍勢（並配偷步），在避

其攻勢的同時出槍刁刺（隨刺即收）其頭部。此時彼又就
勢向我面部進攻；我兩手逆向擰滾，挪擠其槍，並還刺其
面。彼又從裡門撥壓我槍；我順勢右手腕上翹，左手邊抽
拉邊順向纏繞，使彼撥壓之勢落空於外門，隨即刺之。

19. 左平槍（怪蟒滾松）

兩臂下沉，成右順勢步騎槍勢。繼而右手臂內旋，左
手臂外旋做裡批槍，左手前推刺出。體微向右轉，眼視槍
尖方向（圖4－53、圖4－54）。

圖4－53

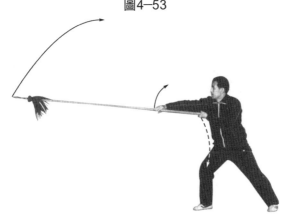

圖4－54

【要　點】

沉砸與批刺要連貫。

【用　法】

我用朝頂槍應戰時，敵手突然以中平槍入刺；我順勢兩手持槍下砸其槍或剁其手。若敵手又以批槍應變；我亦用「以批克批」的槍術還擊之。這是絮九槍中的「中三槍」技法。

20.轉身架槍

⑴左手握槍把下按，右手持槍直臂上挑至槍桿豎直，手心向前，步型不變。接著，右手鬆握並下滑至左手處（由陰手變為陽手）（圖4－55～圖4－57）。

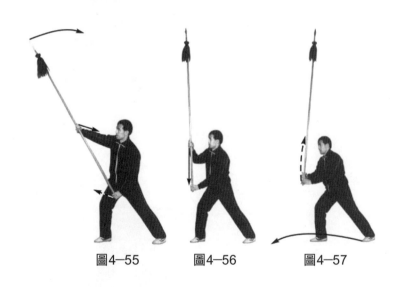

圖4—55　　　圖4—56　　　圖4—57

⑵上動不停，左腳向前（北）邁出一步，腳尖內扣，屈膝。同時，左手鬆握（撒開），上移至右手上方，

陰手握槍桿。隨即，體向右轉。右手握槍順右腿外側向下、向右抽拉，左手順槍桿在體側下滑，將槍桿橫置於體前。身正，頭向右轉，眼平視（圖4－58、圖4－59）。

⑶上動不停，重心移於左腿，身體繼續向右轉（面向南），右腳向右後（正北）退一步成左弓步。同時，兩手持槍向前直臂上舉，右手略高於左手，手心均向前。身正，眼視正前方（圖4－60）。

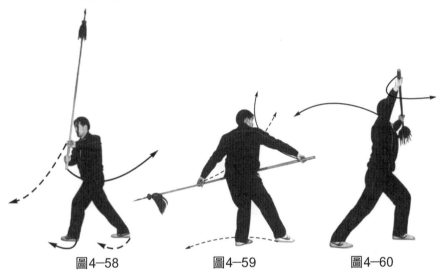

圖4－58　　　　　　　圖4－59　　　　　　　圖4－60

【要　點】

兩手握法的轉換，應相繼進行，而且動作應迅速，轉體撤步與上架要協調一致。

【用　法】

若發覺身後有敵進攻，我在上步躲閃的同時，急轉身將槍橫持於體前，視敵進攻方式。如敵劈打，我可上架。

21. 掄掃槍

　　體微右轉，右手握槍，外旋掄臂，使槍由左向後、向右、向前平掄掃擊；左手向後撥甩（以助其力）後，將手撒開，槍高與肩平，當槍掄至體前（正南）時，左手前伸接槍，並順槍桿掄掃的慣性向左滑動；此時，右手握把向右側抽拉，手心向前，從而將槍桿斜抱於體前（右手高於左手）。同時，重心後移，屈右膝收左腳，腳尖點地成左虛步，上體微前傾（含胸），眼視前方（圖4－61～圖4－63、圖4－63正面圖）。

圖4－61

圖4－62

圖4-63　　　　　　圖4-63正面圖

【要　點】

動作要連貫，掄掃與轉體、右手的拉伸與左手的滑握、收腿要協調，從而可使槍桿快速搶掃後，收槍時得以緩衝。

【用　法】

若身邊有多人圍攻，我可用掄掃應急方式擊退之，贏得時間，各個擊破。

22. **進步左右撩槍**（怪蟒蹬雲）

⑴ 體向右轉，左腳向西南邁出一步，屈膝成左弓步。同時，右手握把上舉，左手持槍手心向內，順左腿外側向前（西南）、向上撩挑，當左手撩至前下方時，右手握槍前推，使槍尖撩擊得更遠。身正，眼視槍尖方向（圖4-64、圖4-65）。

⑵ 上動不停，左手繼續上撩，當槍桿豎直時，左手

鬆握（撒手），手臂外旋，虎口向上握槍並順槍桿下滑至
右手上方（兩手相靠），隨即右手移至左手上方握槍。接
著，體微右轉，左手握槍向前、向上拉伸，右手向右經右

圖4—64　　　　　　　　圖4—65

圖4—66　　　圖4—67　　　　圖4—68

腿外側向前上滑桿撩挑。同時，重心移於左腿，右腳向西南邁出一步，屈膝成右弓步。在右手撩挑時，左手屈臂前推，以助撩勢。體微前傾，眼視槍尖方向（圖4－66～圖4－70）。

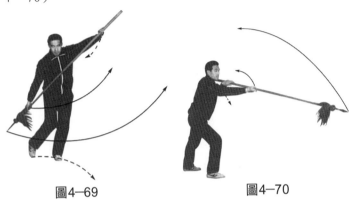

圖4—69   圖4—70

【要　點】

　　撩槍與進步轉體要協調一致，換握和滑桿要迅速牢固（右手亦可換陰手握法前撩，因套路動作銜接之便而未變）。

【用　法】

　　若敵手以中槍入刺或撩槍進擊。

　　⑴ 我斜進步撩其桿，挑其手。撩槍蘊含著挑與崩擊的槍法，「以撩克撩」及進步斜門崩手，均是該槍術的傳統用法。

　　⑵ 左右手多次換把撩擊，是訓練換手使槍技能的一種方法。如此可在與敵搏擊時，有更多的選擇進擊點（避實就虛）的餘地。換把俗稱「涮把」，意思是要求把這一

技術練得很純熟。

23. 虛步展抱槍 (怪蟒坐洞)

⑴ 上動不停,右手順前撩之勢向上擺動,左手下壓,當槍桿豎直時,右手向下滑至左手下處握槍,左手鬆握手臂內旋,虎口向下陰手握槍。身正直,眼視前方 (圖4-71、圖4-72)。

⑵ 上動不停,體微左轉,左腳向西南邁出一步,屈膝成左弓步。同時,右手握槍向前 (西南) 拉,左手握槍手心向下,向左後滑 (伸臂)。接著,體向右轉,左手持槍向右前下方擺掃,右手握把 (把前尺餘處) 屈肘收槍於右胸側 (槍把置於右腋下)。上體稍前,眼視槍尖方向 (圖4-73、圖4-74)。

⑶ 上動不停,左手持槍臂外旋 (右手內旋),順勢向右、向上繞弧外展,將槍斜搶於體前 (手腕上翹,肘部微屈),槍尖與左肩相對。同時,重心後移,身向後坐,

圖4-71　　　　圖4-72　　　　圖4-73

左腳收回，變左弓步為虛步。身正，眼視槍尖方向（圖4－75）。

圖4－74　　　　　　　　　圖4－75

【要　點】

槍的擺掃與劃弧（外展）動作要連貫，並與步法協調一致。

【用　法】

⑴ 向上擺槍可理解為撩槍與掛槍的轉換，或理解為單個技擊的運用，因為套路是連貫的，但用法不一定把它連貫起來理解。

⑵ 若敵手向我腳部進擊；我可橫掃或搭擊。

⑶ 敵若順槍上撩；我可黏槍外展，將彼槍翻甩至外門。

24. 反撩戳把（怪蟒朝北斗）

⑴ 兩手握槍上挑（**左手上舉，右手下按**），至槍桿豎直時，左手鬆握，手臂外旋，虎口向上握槍並下滑，右

手前上舉，兩手靠近，隨即在右肩前，左手向後、向下，右手向前、向上，順槍上挑之勢用力，使槍桿在體右側順向立圓掄轉，當槍尖掄至後下方時，兩手上提，體向左轉向前撩出。同時右腳向西南方向邁出，腳尖點地成右虛步。身正，眼視西南方向（圖4－76～圖4－78）。

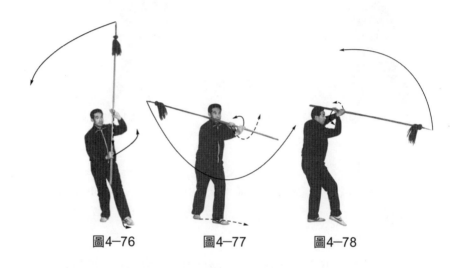

圖4－76　　　　圖4－77　　　　圖4－78

　　(2) 上動不停，兩手握槍，順前撩之勢繼續上擺，至槍桿豎直時，左手鬆握，手臂內旋，虎口向下握槍。接著，重心移於右腿，體稍左轉，左腳從右腳後插出一步成左偷步。同時，右手握槍，向右下方（西南）猛力拉伸，用槍把戳擊，手心向下；左手握槍（鬆握使槍桿滑過），屈肘抱於左胸前，手心向前下。體向左側傾斜，眼視戳把方向（圖4－79、圖4－80）。

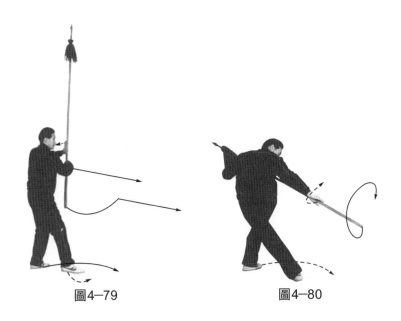

圖4─79　　　　　　　　　　圖4─80

【要　點】

反撩時兩手稍上提，左手換握應在槍桿豎直時進行，撩槍戳把要連貫，並與轉體步法協調一致。

【用　法】

若敵手從裡門上槍入刺；我順勢黏槍向右肩外側掛帶，並向下纏繞至彼槍的外門，撩其手臂（右掛左撩，左掛右撩，可謂是掛與撩合用的規律）。隨即，左掛偷步戳擊其下部（即應用槍法中的「怪蟒朝北斗」）。

25. 絞把劈槍（怪蟒倒絞風）

⑴ 重心移於左腿，右腳向右側（西南）邁出一步，重心再逐漸移於右腿。同時，右手持槍，向下、向右（背側）、向上、再向左（胸側）逆向繞圓絞把；左手握槍在

胸前，亦逆向繞圓。體微右轉並前傾，眼視槍把方向（圖4－81）。

(2) 上動不停，當槍把繞至左上方時，右手迅速向右腿外側勾帶，並屈肘將槍把收置於右腋下；左手持槍，隨右手勾帶之勢，向上、向前下（西南）掄劈，手臂伸直，手心向下。同時，左腿屈膝提起，並以右腳掌為軸向右轉體（約180°）成右獨立式，上體微前傾（含胸），眼視槍尖方向（圖4－82）。

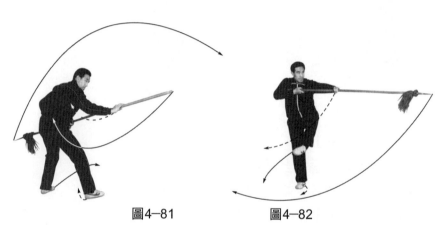

圖4－81　　　　　　圖4－82

【要　點】

纏繞時右臂基本伸直，並與手腕的屈翹密切配合（向下、向右繞時手腕下屈，向上、向左繞時手腕上翹），從而使槍把的纏繞更為柔和連貫。勾帶劈槍的動作，要迅速猛力，並與轉體含胸協調一致。

【用　法】

接上勢。敵手刺我左腿；我用槍把進步黏纏（絞

把）。當纏繞至左上時，敵又向我邁進的右腿急刺；我順勢用把向右腿外側勾帶（走化）的同時，轉身掄劈其頭部。「倒絞」指槍把並用。

26. 跳步外展槍（怪蟒展腰）

(1) 體向右轉（左肩向西），左腳向西北方下落成左弓步。同時，右手向後滑握於把端，並前推至右胸前，手心向裡；左手握槍，手心向後，隨轉體向下、向右（西北）攔截。身正，眼視槍尖方向（圖4－83）。

(2) 上動不停，身體繼續向右轉，右腳從左腿前向左（北）跨越一步，左腳提起。同時，兩手持槍繼續向右、向上弧形攔截（圖4－84）。

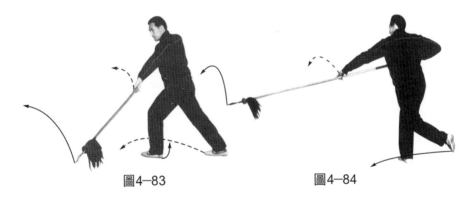

圖4－83　　　　　　　圖4－84

(3) 接著，左腳在右腳的正北方落地，兩腿屈膝半蹲成馬步（左肩向北）。同時，左手持槍，臂外旋翹腕，右手臂內旋前推，使槍尖向上、向左逆向繞弧，外展前刺。體微左轉，右腳蹬地，由馬步變為左順勢步，身正，眼視槍尖方向（圖4－85、圖4－86）。

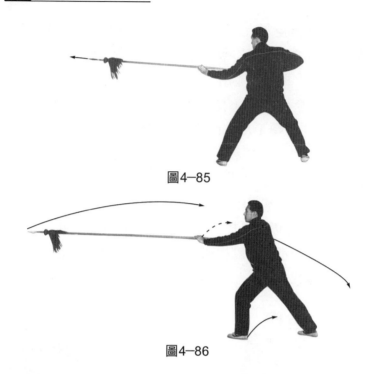

圖4—85

圖4—86

【要　點】

　　槍的攔截外展（外批）與前刺要連貫，並與步法協調一致。

【用　法】

　　若敵手從正面下槍入刺；我轉身用拖槍攔截。彼欲順桿撩挑；我黏纏外展劃擊其手，隨即刺之。

27. 提膝抽槍

　　體微右轉，重心移於右腿，左腿屈膝提起，成右獨立式。同時，右、左手相繼向後抽槍（動作見抽射槍），抽槍後，左手持槍屈肘抱於左胸側，肘尖斜向前下方，手心

向右；右手握槍，直臂伸於右髖後，手心向後。體微左傾，含胸，眼視槍尖方向（圖4－87）。

圖4－87

【要　點】

兩手抽槍動作必須連貫，並與提腿協調。左臂收回後肘部不可緊貼身體。槍尖略高於頭。

【用　法】

接上勢。我刺槍落空，敵手向我面部進刺；我在向後縮身的同時，抽槍掛帶以解其勢。

28. 撩把轉身刺（青龍換爪）

⑴左腳向前（北）落，隨即蹬地跳起，右腳向前跨步，在右腳前跨之時，身體向左轉（約180°）。同時，左手持槍屈腕，向左外掛帶，並將槍收靠於左臂外側，手心向下；右手順掛槍之勢，從右腿外側直臂向前（北）上撩把。身正，眼視槍把方向（圖4－88、圖4－89）。

⑵上動不停，右腳落地，並以腳掌為軸，繼續向左

後轉體180°，左腳屈膝收靠於右腿內側，隨轉體後（北）
伸，接著，左腳落地（向北），並屈膝成左順勢步。同
時，右手握槍，順撩把之慣性上舉；左手持槍不變，而在
左腳落地屈膝之時，握槍向前（北）下伸臂短刺，手心向
下，槍尖與髖齊高；右手向體後下落（直臂），槍桿從手
中滑過。上體微向左傾，眼視槍尖方向（圖4－90～圖4－
92）。

圖4－88　　　　　　　　　圖4－89

圖4－90　　　　　　　　　圖4－91

圖4—92

【要　點】

撩把在騰空中完成。弓步與下刺應協調一致。轉身要迅速，槍的前端緊貼左臂。

【用　法】

敵外門上刺；我外掛解其勢，並用把撩擊之。敵退；我速跳步追擊之。「青龍換爪」等槍法是陰手槍術中槍棍互變的衛身槍法。

29. 戳把轉身刺（青龍探爪）

⑴ 右手變為陽手握槍（虎口向把端）。身體右轉，重心右移，屈膝成右弓步。同時，左手握槍，向右手方向（東南）推把戳擊，把高齊頭。身正，眼視槍把方向（圖4—93、圖4—94）。

⑵ 上動不停，重心移於左腿，右腳向右後（西北）撤一步，隨即以兩腳掌為軸，向右後轉體（右肩向西北），屈右膝成右順勢步。同時，右手握槍臂內旋，使槍頭從臂下繞至臂的外側，並向後（西北）拉槍短刺，手心向下，槍尖與胸齊高；左手移至右手的前面，陰手握槍，

臂伸直稍下沉，使槍桿滑過。體微前傾，眼視槍尖方向
（圖4－95、圖4－96）。

圖4－93　　　　　　　　　　圖4－94

圖4－95　　　　　　　　　　圖4－96

【要　點】

戳把、短刺與轉身弓步相結合。轉身要快，落腳要
穩。

【用　法】

若敵手欲從後面偷襲；我隨即轉身戳把，此時亦可將
槍把當槍尖，使用裡翻、外展等槍術與敵應戰。若此時又
有身後襲擊者；我則應急轉身速刺（槍的長短及用法，可

視情況調整）。這動作亦體現了該槍術中單兵應多敵的
「四圍四絮」的作戰方式。

30. 上步橫把（青龍戲爪）

⑴ 重心移於左腿，右腳收於左腳前側，腳尖點地成
右虛步。同時，右手持槍屈臂（肘尖向下）翹腕（手心向
前），使槍尖向上、向右順向弧形上掛於右肩外側，槍尖
略高於頭；左手持槍于左腿外側翹腕，手心向下。身正，
眼視槍尖方向（圖4－97）。

圖4－97

⑵ 上動不停，右腳向西北方向邁出一步，腳尖外
轉，並以右腳掌為軸，身體右轉，左腳隨之向正北上一
步，兩腿屈膝半蹲成馬步勢。同時，右手持槍，屈腕下按
至右胸前，手心向下；左手持槍，由左向右平把橫擊，手
心向下，把高在胸腰之間。身正，眼視槍把（圖4－98、
圖4－99）。

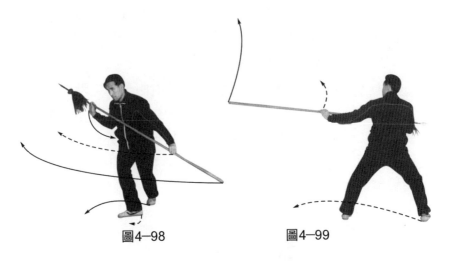

圖4—98　　　　　　圖4—99

【要　點】

右虛步是一過渡步形，不停頓。平擊與轉身要快而協調。

【用　法】

若敵上槍入刺，我收腿向外黏掛，隨即上步橫把擊之。

31. 挑把進身刺（青龍換爪）

重心移於左腿，身體微右轉，右腳從左腿後插出一步，腳掌著地成右偷步。同時，右手握槍下按，手心向裡；左手持槍，屈臂（肘尖向下）翹腕（手心向前），用力向上挑擊，並順慣性使槍桿豎直（槍尖向下）。接著，重心移於右腿，身體微左移，左腳向北邁出一步，屈膝成左順勢步。同時，左手鬆握（撒開），手臂外旋，順槍桿下滑至右手下，虎口向上握槍，並向左側伸臂平拉短

刺，手心向下；右手在左手換握後，亦鬆握內旋，變成與左手虎口相對的陰手握法，手心向裡，屈臂（肘尖向右）置於右胸下。身正，眼視槍尖方向（圖4－100～圖4－102）。

圖4－100　　　　　圖4－101

圖4－102

【要　點】

上挑與平刺動作要連貫，並與步法協調。左右手換握要相繼進行，且快而穩。

【用　法】

若敵手裡門上刺；我偷步閃身，並用把崩其手，挑其槍，隨即上步，順勢換把用中平槍還刺之。

32. 偷步戳把

重心移於右腿，左腳從右腿後向右（正南）插出一步，腳掌著地成左偷步，身體稍向左前傾。同時，右手握槍，手心向下、向右斜下拉伸戳把；左手握槍屈臂（肘尖向左下），收置於左胸外側，手心向下。眼視槍尖方向（圖4-103）。

圖4-103

【用　法】

若敵手從身後下槍進攻；我抽槍戳把或攔截。

33. 仆步劈槍（怪蟒倒絞風）

⑴ 重心移於左腿，右腳向右側邁出一步。同時，右

手握槍，向下、向右（背側）、向上、再向左（胸側）逆
向繞弧絞把；左手持槍於胸前，隨右手亦逆向繞弧。身稍
左前傾，眼視槍把方向（圖4－104、圖4－105）。

⑵上動不停，重心繼續移於右腿，並以右腳掌為
軸，向右轉體180°，左腳向正南邁出一步，右腿屈膝全
蹲，左腿伸直，腳尖內扣成左仆步。同時，右手持槍，
用槍把迅速向右腿外側勾帶（勾帶後滑握至把端），並屈
肘收置於右腿前；左手握槍直臂上舉，向前下（正南）掄
劈，槍距地面約20公分。體稍前傾，眼視槍尖方向（圖
4－106、圖4－107）。

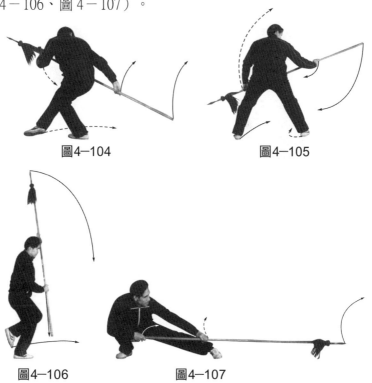

圖4－104　　　　　　　　　　圖4－105

圖4－106　　　　　　圖4－107

【要　點】

絞把時右手腕先屈後翹，與臂的繞圓相配合，使絞把動作更為柔和。絞把、勾帶與劈槍要連貫。下劈之槍不可觸地，但要有力。

【用　法】

接上勢。我用把與敵槍相黏並纏繞（絞把）。以下內容同 25 動，只是在下劈槍時配以仆步。

34. 仆步外展刺（怪蟒戲蝶）

左手持槍，臂外旋微上舉；右手臂內旋向前推刺，槍尖高過頭頂。步型不變，身體微前傾，眼視槍尖方向（圖4－108）。

圖4-108

【要　點】

翻槍與前刺要連接緊密。外翻時左肩要外展。

【用　法】

若敵手欲居高臨下，從外門進攻；我就勢外展批拿，或崩挑其槍手。

35. 弓步下紮槍（怪蟒頂蓮）

右腿起立（成半蹲勢），收提左腳於右膝前。同時，右手握把，臂內旋向右後上拉至頭的右上方，手心向右；左手持槍，手腕稍屈，直臂向下勾帶，體微前傾（含胸）。接著，左腳前落，屈膝成左順勢步。同時，左手持槍，直臂上舉，手腕上翹；右手握把前推，使槍向前撩（或撐）刺。身正，眼視槍尖方向（圖4－109、圖4－110）。

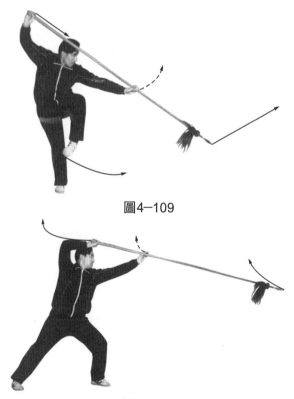

圖4－109

圖4－110

【要　點】

勾帶不可偏量。刺槍時臂要挺撐。

【用　法】

接上勢。若敵手趁勢翻槍下刺我腿；我收腿勾帶，隨即黏其槍向前撩刺。

36. 扶托進身刺（怪蟒扶橋）

⑴ 左手持槍稍向上舉，右手握槍向右後上提拉，使槍桿向後上托帶。同時，身體重心稍向右移。接著，右手握把，臂外旋由上向右、向下順向繞圓至右髖旁，手心向內；左手腕上翹，使槍尖向左、向上順向纏繞至前上方，槍尖比頭稍高。同時，重心移於左腿，右腳從左腿後插出一步，腳掌著地成右偷步，身正，眼隨槍尖而視（圖4－111、圖4－112）。

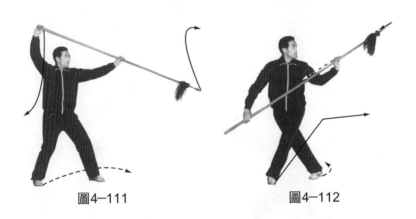

圖4－111　　　　　　　　圖4－112

⑵ 上動不停，左手持槍屈臂收至胸前，手心向下（槍從右手中後滑）。重心移於右腿（稍屈），隨即提

左腳向左側踹出。接著，左腳向左側（南）落地，屈膝成左順勢步。同時，左手持槍，迅速向左側伸臂戳刺（右手不動，槍從手中滑過）。身正，眼視槍尖方向（圖4－113、圖4－114）。

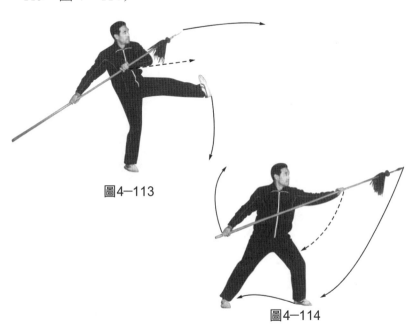

圖4－113

圖4－114

【要　點】

上扶托帶勁力要柔和。抽槍時槍應靠近身體。踹腳戳刺要連貫。

【用　法】

接上勢。若敵手從外門順槍桿撩挑我手；我黏槍扶托順向纏繞至裡門，接著，偷進步抽槍，提左腿側踹其身，並在落腳時用槍戳刺（亦可就情推刺）。

37. 退步斜劈把（青龍擺尾）

重心移於右腿，並以右腳掌為軸向左轉體180°，左腳向後（正北）退一步，屈膝半蹲，右腳尖點地成右虛步。同時，左手持槍向左下勾掛，隨即屈肘將槍收置於左臂外側，手心向下；右手持槍上舉，向左前下方猛力掄劈，手心向下。上體稍前傾，含胸，眼視槍把方向（圖4－115、圖4－116、圖4－116正面圖）。

圖4－115　　　　　　　　　圖4－116

圖4－116正面圖

【要　點】

掛劈與轉體退步要協調一致，劈槍時由於左臂屈肘，而應使槍桿放長（槍從右手中滑過）。

【用　法】

若敵手從外門下刺我腿；我順勢黏槍向左下勾掛（並退步），以解其力，同時掄把下劈以還擊之。

38. 上步掛挑（怪蟒朝鳳）

⑴ 右腳向左前方（東南）移動半步，腳尖外撇，微屈膝。同時，體向右轉，右手持槍，屈臂翹腕，向上、向右肩處掛把，手心向前；左手持槍，在體前伸臂下按，手心向裡。身正，眼視槍尖方向（圖4－117）。

⑵ 上動不停，重心移於右腿，並以右腳掌為軸，向右轉體約180°，左腳向西南邁出一步，屈膝成馬步。同時，右手持槍，屈腕向下翻壓至胸前，手心向下；左手持

圖4－117　　　　　　圖4－118

槍，直臂翹腕向前（西南）、向上撩挑，槍尖與胸齊高。身正，眼視槍尖方向（圖4－118、圖4－119）。

圖4－119

【要　點】

掛把與撩槍要連貫，撩挑時應將槍身放長。

【用　法】

接上勢。若敵手向我右肩方向入刺；我移步並向右肩方向掛把，隨即上步撩挑其手。「朝鳳」即挑手。

39. 轉身攔抱槍

重心移於左腿，右腳向右後（正南）退一步，隨即重心移於右腿，並以右腳掌為軸，向右後轉體約135°（右肩向南），左腳收至右腳內側，腳尖點地成左虛步。同時，右手持槍上舉，手心向前；左手持槍，直臂向下、向右側擺動攔截至右髖旁，手心向後。身正，眼視左方（圖4－

圖4－120　　　　　　圖4－121

圖4－122　　　　　　圖4－122正面圖

120～圖 4－122、圖 4－122 正面圖）。

【要　點】

擺槍、攔截應與轉身協調一致。

【用　法】

若敵手向我胸腹刺槍；我移步轉身，豎槍右擺，以攔截彼之進攻。或敵以「截耳槍」橫向擊我；我豎槍立抱以攔截，即「你用截耳槍，我用十字槍」謂之。

40. 馬步右崩槍（怪蟒朝陽）

⑴ 體向左轉，左腳向左側（北）邁出半步，屈膝成左弓步。同時，右手持槍，向下、向前推按至腹前，手心向裡；左手握槍，直臂向左、向前、向上撩擺，當槍桿豎直時，左手鬆握（撒開），手臂外旋，順槍桿下滑至右手下，虎口向上握槍（距把端約 45 公分處），並向前下方伸臂前引，右手握槍向右後方滑桿伸臂。同時，重心移於左腿，體微左轉，上體稍前傾，眼視前方（正北）（圖4－123～圖4－125）。

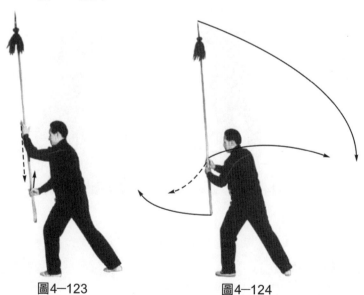

圖4－123　　　　　　　圖4－124

⑵ 上動不停,右腳向前(北)邁出一步,體向左轉90°(右肩向北),屈膝成馬步。同時,左手持槍向上掛把,至頭上方時,隨即從左肩前向下屈臂扣腕抱槍於體前,手心向裡;右手持槍順右腿側向前(北)、向上直臂撩崩,手心向上,槍尖高在胸腰之間。身正,頭右轉,眼視槍尖方向(圖4-126、圖4-127)。

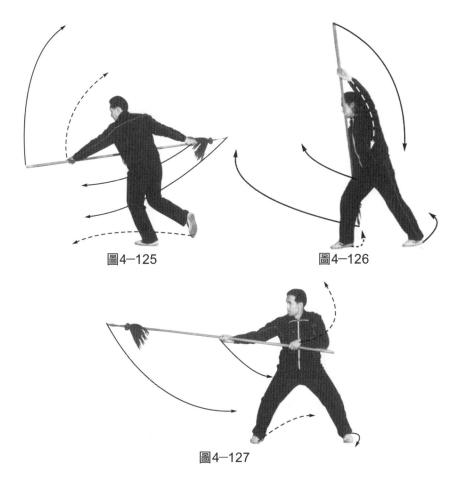

圖4-125

圖4-126

圖4-127

【要　點】

撩、擺、崩槍動作要連貫，並與轉身、步法協調。左手屈肘扣腕動作要快而猛，使上撩的槍突停。右手崩槍用陽手和陰手均可（陰手可在兩手換握時，右手內旋握槍）。

【用　法】

若敵進刺；我斜進步，用槍撩擊其手。敵抽槍再刺；我掛把而撩崩其手。

41. 右掛劈（怪蟒倒絞風）

⑴ 上體向右轉約 90°，重心移於左腿，右腳收至左膝前，腳尖向下，成獨立式。同時，右手持槍，臂微屈向右腿外側勾掛；左手握槍，向上、向前（北）、向下用把掄擊，手心向下。上體微前傾，含胸，眼視前方（圖 4－128、圖 4－129）。

⑵ 上動不停，右腳落地，屈膝成右弓步。同時，左

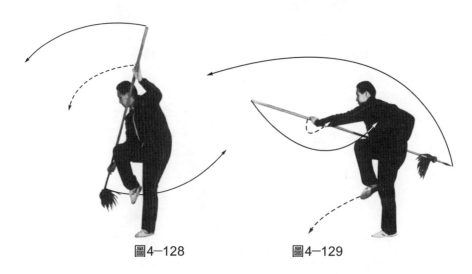

圖4-128　　　　　　　圖4-129

手持槍，順掄擊之
勢，向下、向後、
向上收拉屈肘，將
槍把夾抱於左腋
下，手心向上；右
手持槍，順勾掛之
勢，由後向上、向
前直臂掄劈，手心
向下，槍尖高與肩
平。身正，眼視槍
尖方向（圖4－130）。

圖4－130

【要　點】

右手的掛與劈要連貫；左手的掄擊要完整，勁力要充
實，並與步法協調一致。

【用　法】

若敵手刺我腿部；我提腿之際向外側勾掛，同時順勢
用把掄擊之（**此擊為虛（晃）實（擊）之法**），在彼變著
之時，我可順勾掛之勢，上步用槍掄劈之。

42. 馬步左崩槍（怪蟒朝陽）

⑴ 兩手持槍上挑，當槍桿豎直時，右手鬆握，順桿
下滑至左手下握槍；左手在右手滑握後亦鬆握內旋，虎口
向下（陰手）握槍。接著，右手持槍向下、向前、向上拉
伸撩把，左手向左後方滑桿伸臂。步型不變，體稍左轉，
身正，眼視前方（圖4－131～圖4－133）。

⑵ 上動不停，左腳向前（北）邁出一步，體向右轉

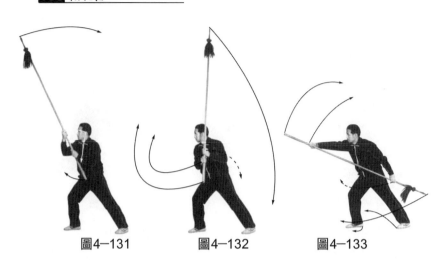

圖4—131　　　　　圖4—132　　　　　圖4—133

（左肩向北），屈膝成馬步。同時，右手持槍，繼續向右上撩擺，至頭上方時屈臂扣腕將槍抱於體前（前臂平抱於體前），手心向裡；左手持槍順左腿外側向前（北）、向上直臂撩崩，手心向前下，槍尖與肋同高。身正，頭左轉，眼視槍尖方向（圖4－134、圖4－135）。

　　要點與用法同40動。

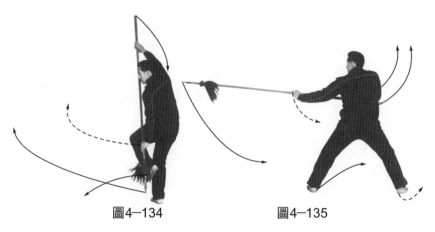

圖4—134　　　　　　圖4—135

43. 左掛劈（怪蟒倒絞風）

⑴ 體向左轉，重心移於右腿，左腳提收於右膝前，腳尖向下，成右獨立式。同時，左手持槍，順左腿外側向後勾掛；右手持槍，向上、向前（北）、向下用把掄擊。上體微前傾，含胸，眼視前方（圖4－136、圖4－137）。

⑵ 上動不停，左腳前落，屈膝成左弓步。同時，右手持槍，順掄擊之勢向下、向後、向上收拉，屈肘將槍把夾抱於右腋下，手心向上；左手持槍，順勾掛之勢，由後向上、向前直臂掄劈，手心向下，槍尖高與肩平。身正，眼視槍尖方向（圖4－138、圖4－139、圖4－139正面圖）。

要點與用法同41動。

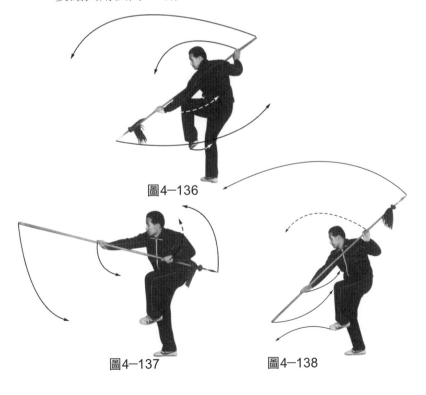

圖4－136

圖4－137　　　　　圖4－138

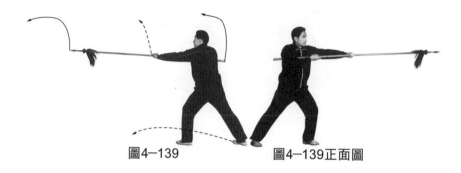

圖4-139　　　　　圖4-139正面圖

44. 左朝頂槍（怪蟒繞鬚眉）

⑴ 上體微右轉，右手向後滑握至把端，手心向裡。接著，兩手持槍上舉至頭頂前上（右臂微屈，手心向上，左臂伸直翹腕），兩肩向後展。同時，重心移於左腿，右腳從左腿後插出一步，全掌著地成右偷步。隨即，右手向前速推（短推至頭頂上）平刺，刺後立即收回，槍尖與頭頂同高。身正，頭左轉，眼視槍尖方向（圖4-140）。

⑵ 上動不停，重心逐步向右腿移動。同時，兩手持槍順向擰滾，右手前推，使槍的前端在順向畫弧中向前刺出。接著，左腳向左（北）邁出一步，屈膝成左順勢步。同時，左手持槍，手腕上翹；右手握把，在頭的右

圖4-140

前側方向下、向後上逆向弧形（臂內旋，腕上翹）提拉，至頭的右上方，從而使槍尖向上、向左、向下逆向繞半個圓，隨即右手速推向前短刺。身正，頭左轉，眼視槍尖方向（圖4－141～圖4－144）。

　　要點與用法同 18 動。

圖4－141　　　　　　　　圖4－142

圖4－143　　　　　　　　圖4－144

45. 拖刺槍（怪蟒滾坡）

　　重心移於右腿，右膝稍屈，左腳收回半步，腳尖點地成左虛步。同時，右手握槍把向頭的右上方提拉，手心向前上；左手持槍直臂下落，使槍前端向左斜前下拖帶，槍尖稍比膝低。上體微前傾，含胸。接著，左腳向前移動半

步,屈膝成左弓步。同時,左手持槍稍上舉,右手握把向前推刺。眼視槍尖方向(圖4-145、圖4-146)。

圖4-145　　　　　　　　圖4-146

【要　點】

拖帶時左肩向後展,拖刺與步法協調一致。

【用　法】

若敵手外門下刺;我收槍拖帶(此勢在該槍術中稱為「立水槍」,槍譜中的「立水裡外攔」即指此法)。隨即進步,黏槍推刺(要有挺撐力)。

46. 扶纏進身刺(怪蟒扶橋)

⑴ 重心後移,變左順勢步為馬步。同時,左手持槍上舉,臂稍彎,手腕下屈;右手握把,向頭的右上方提拉,手腕上翹,手心斜向上,從而使槍前端向左上扶托。接著,重心左移成左順勢步。同時,右手握把,向右、向下弧形下落於右髖前,手心向裡;左手持槍下按,手腕上翹,使槍尖向左、向上順向纏繞至前上方。身正,眼視槍尖方向(圖4-147、圖4-148)。

⑵上動不停,重心移於左腿,右腳從左腿後插出一步成右偷步。同時,右、左手持槍相繼向後抽拉(手心均向

下），將槍抱於胸前。接著，重心移於右腿，左腳向左側
邁出一步，屈膝成左順勢步。同時，右手持槍屈臂前推
（至右肋前）刺出，左手持槍不動。身正，頭左轉，眼視
槍尖方向（圖4－149、圖4－150、圖4－150正面圖）。

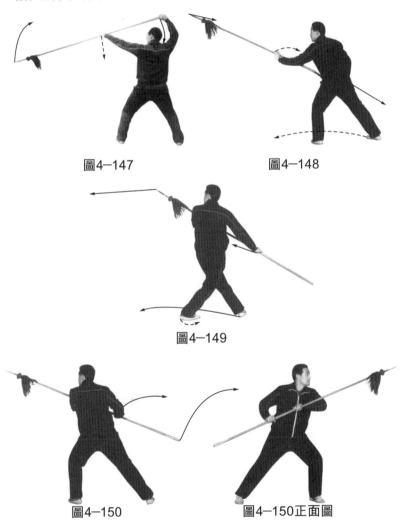

圖4－147　　　　　　　　　圖4－148

圖4－149

圖4－150　　　　　　圖4－150正面圖

【要　點】

　　扶與纏的動作要連貫，勁力柔和。抽刺與步法要協調一致，整個動作要保持側向姿勢。

【用　法】

　　與36動同，但無側踹腿。

47. 回身左戳槍（怪蟒滾松）

　　以兩腳掌為軸上體微右轉，重心移於右腿，屈膝成右順勢步。同時，右手持槍向右側平拉，手心向下；左手稍向左移，順桿滑握於槍纓處，手心向裡；隨即，右手持槍，臂內旋，手腕下屈；左手握槍外旋，向前推刺（即戳把）。身正，眼視槍把方向（圖4－151、圖4－152）。

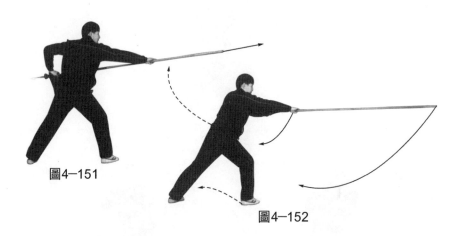

圖4－151

圖4－152

【要　點】

　　右臂的伸拉、左手的滑握與旋擰推刺要連貫，並與弓步協調一致。

【用　法】

若敵手從身後進槍；我急向後抽拉，變右把槍為左把槍，並做向裡擰滾的拿批與推刺動作（以把代槍的裡翻刺戳動作）。

48. 轉身挺刺（怪蟒挺身）

⑴ 重心移於左腿，右腳提收於左膝前。同時，左手持槍向左後上抽拉，手心向下；右手持槍，手腕下屈，直臂向右下勾掛（並使槍桿向後滑動）。上體微前傾，含胸。接著，右腳向左前（稍偏東南）落步，重心前移，並以右腳掌為軸向右轉體；左腳隨即向前（南）邁出一步，屈膝成馬步。同時，左手持槍，手腕下屈，手心向下，隨轉體向右擺槍橫擊；右手順勾掛之勢向後滑握至槍把，並屈臂抱槍把於右胸側，手心向內。身正，眼視槍尖方向（圖4－153～圖4－155）。

⑵ 上動不停，上體稍左轉，左腳稍向前（南）移，屈膝成左弓步。同時，左手持槍，臂外旋，手腕上翹；右手握把臂內旋，向前下推，使槍尖在逆向擰滾中向前上刺出。上體稍前挺，眼視槍尖方向（圖4－156）。

圖4－153　　　　　　　　　圖4－154

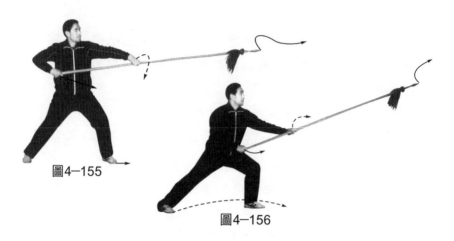

圖4—155

圖4—156

【要　點】

前刺時左臂伸直，腰髖前送，右手貼身，整個動作與轉身步法要協調一致。

【用　法】

⑴ 若敵手刺我右腿；我在向右下掛把的同時，上步轉身用槍橫擊之。

⑵ 若敵手又用裡拿槍批擊我槍時；我用「怪蟒挺身」槍法吃還之。

49. 跳步下掃（鐵掃帚）

⑴ 右、左腳相繼向右前（稍偏西南）上步，膝微屈半蹲。同時，左手持槍，臂內旋，向右、向下繞弧；右手持槍，臂外旋於體前（貼胸），向上、向右弧形上提，使槍尖由上向右、向下順向繞半個圓。身正，眼隨槍尖而視（圖4－157、圖4－158）。

⑵ 上動不停，重心移於左腿，右腿提收於左腿內

側，隨即左腳向右前跳步，落地後膝稍屈。同時，右手持槍，手臂內旋向右上方抽拉，手心斜向上；左手持槍，直臂向左下方迅速甩動撥槍。上體微前傾，含胸，眼視槍尖（圖4－159）。

⑶ 上動不停，右腳在左腳前方落地，屈膝，左腳隨即向右腳併攏（兩腳間保持一腳間隔）下蹲。同時，左手持槍，直臂向右擺動橫掃；右手握槍，屈臂前推。上體稍前傾，眼視槍尖方向（圖4－160、圖4－161）。

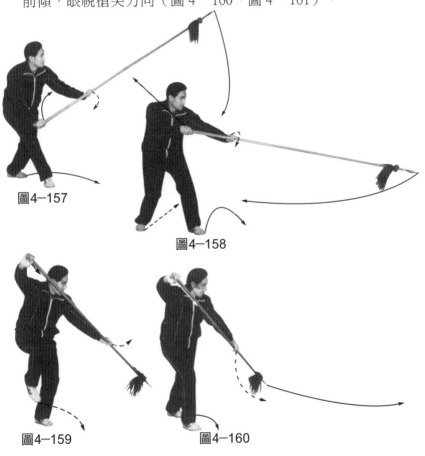

圖4－157

圖4－158

圖4－159

圖4－160

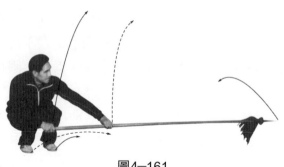

圖4—161

【要　點】

纏繞動作要圓活而柔和，撥掃要迅速而有力。掃槍與地面約 20 公分的距離，掃槍後兩手要保持一臂的距離。

【用　法】

與敵手裡門騎槍（上槍）相搭，彼欲順桿下劈；我黏纏下壓。彼又下刺；我斜進步，突然用力向左側（外門方向）撥甩之，將其槍向左拋出，隨即回槍下掃之，名曰：「鐵掃帚」。

此槍法在纏槍中經常會出現，如纏繞中向上拋扔（挑）、向下沉壓和向左右甩擲，都是突然改變勁力，以甩開對方的黏纏然後進槍。所以纏槍練習，為什麼特別強調用適當的勁力與彼槍黏纏呢？勁大易被對方利用（走化），勁小易被甩開，都是因為聽不懂（感覺不到）對方的槍力和走槍方向的變化之故。練習者可從該套路的纏槍與上下左右的拋甩動作中，領悟出纏槍聽勁的重要性。

50. 偷步攔槍（立水槍）

兩腿起立，左腳向左斜前方（東南）移動半步，屈膝

支撐；隨即右腳從左腿後插出一步，前腳掌著地，成右偷步。同時，右手握把，臂內旋上舉至頭的右上方，手心斜向上；左手持槍，臂外旋側平舉並向後展，手腕上翹，使槍的前端向左前下攔截，槍尖高與膝平。身稍向右傾斜，眼視槍尖方向（圖4－162）。

圖4－162

【要　點】

兩肩要向後展。槍攔至右腿的外側即可。

【用　法】

若敵手欲從外門下槍入刺；我可用「立水槍」向外攔截。

51. 左右擺槍（怪蟒擺頭）

⑴ 重心移於右腿，左腳向左斜前（**東南**）方邁出一步，體微左轉，屈膝成左弓步。與此同時，右手握把由上向下、向左，屈臂外旋弧形擺於左臂下，手心向上；左手持槍，手臂內旋向左側平擺，手心向左，從而使槍尖向上、向右、向下順向繞半圓，隨即迅速向左甩動平掃，槍

尖高與眼平。上體微前傾，含胸，眼隨槍尖轉視（圖4－
163、圖4－164）。

　　⑵上動不停，上體向右轉90°，重心右移，兩腿屈膝
成馬步。同時，右手握槍把，臂迅速內旋，並向右、向
上、向後拉擺至胸前（**距胸 20 公分**），手心向右；左手
持槍，直臂外旋翹腕，並稍向右平擺，手心向前，從而使
槍尖向下、向右逆向繞弧平掃，槍尖與眼同高。身正，眼
視槍尖方向（圖4－165）。

圖4－163

圖4－164

圖4－165

【要　點】

掃槍是纏繞的繼續，要緊密結合。纏要柔和圓活，掃要迅速有力，應與轉體協調一致。

【用　法】

⑴ 接上勢。若敵手欲順桿撩擊我手；我黏槍扶纏至裡門，然後突然向左平擺。此槍法謂「左天邊掃月」。

⑵ 若敵手從外門上槍入刺；我黏槍掛帶，隨即轉槍向右平擺。此法謂「右天邊掃月」。這種平圓擺掃槍法亦稱「推磨」。第三章節中的「推磨」練習，與此槍法相對比，顯然此動作大了許多。這就是先師在傳授中所說的「練法與用法是不同的」。不同何在呢？練是以技擊內容為中心，並與人體手眼身法步相結合的一種健身動作，它要求技擊與身體動作既要密切結合，表現出技擊結構的巧妙合理性和勁力發揮的和諧性，又要在整體動作形態上，表現出武術規範、舒展的勢態與動作變化的靈活性，給人以美的感受。而用的目的在於取勝于敵手，要求以小力勝大力，可以在動作上循勢而變，視機而行，只需技擊與勁力運用合理，無需什麼造型，這就是兩者最大的區別。

52. 進步纏槍（怪蟒滾雲）

⑴ 上體微左轉，重心稍向左腿移動。同時，右手握槍把，手臂外旋，由上向右、向下繞圓至腹前，手心向裡；左手持槍稍向下按，使槍尖向左、向上順向繞弧至前上方。接著，重心移於右腿，左腳提收於右膝前。同時，右手握把，手臂內旋，由下向左、向上（貼身）繼續繞圓至胸前，隨即向右後上提拉，手心斜向上；左手持槍，手

腕下屈，使槍尖由上向右、向下順向纏繞至前下方時，向左後下勾帶。上體前傾，含胸，眼隨槍尖而視（圖4－166、圖4－167）。

（2）上動不停，左腳向前落地，兩腿屈膝稍蹲。同時，右手握把，臂外旋弧形下落於腹前，手心向裡；左手持槍，直臂翹腕，使槍尖由下向左、向上順向弧形繞至正前方。上體稍前傾，眼視槍尖方向（圖4－168）。

（3）上動不停，重心移於左腿，右腳向左腳收靠半步（兩腳間保持一腳距離），兩腿稍屈半蹲。同時，右手握把臂內旋，從下向左、向上（貼身）提繞至面前，手心向

圖4－166　　　　　　圖4－167

圖4－168

右；左手持槍直臂，手腕下屈，手心向下，使槍尖由上向
右、向下順向繞半個圓。接著，重心移於右腿，左腳向前
（南）邁出一步，兩腿屈膝半蹲。同時，右手握把，臂外
旋由面前向右、向下繞至腹前，手心向裡；左手持槍直臂
稍下按，手腕上翹，使槍尖由下向左、向上順向繞半個
圓。接著，重心再向左腿移動，右腳再向左腳收靠。兩手
繼續順向繞圓……如此重複三至五次，上體側向而正直，
眼視槍尖（圖4－169、圖4－170）。

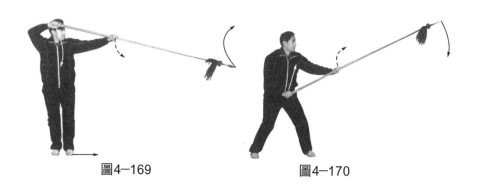

圖4-169　　　　　　　　　圖4-170

【要　點】

　　⑴～⑵動作是串步纏槍中的一個「大纏」槍法，槍尖
高可過頂。動作⑶是串步纏槍法（即「小纏」槍法），槍
尖在頭頂與腰之間。大小纏槍，槍尖所畫的圓均為橢圓。
纏繞應與步法協調一致，串步要平穩（參見纏槍法）。

【用　法】

　　⑴ 若敵手裡門下槍入刺；我黏纏其槍，並向左勾
帶，以解其力。

⑵敵手欲抽槍；我綿槍不放。彼欲退步逃走；我進步追纏，以尋機進擊。這就是槍譜所謂的「三連槍」法，即「來人晃槍，我以黏（黏纏）槍；來人要刺，我以拿槍（這裡是勾帶）；來人要抽，我以綿槍。」綿是延續不斷的意思。

53.弓步點槍（怪蟒吸食）

在最後一個串步纏槍中，當槍繞至前上方時，左腳邁出成左順勢步。右手握把，迅速由腰間上提至左肩前；左手持槍，手腕突然下屈，使槍尖猛力下點，槍尖稍低於肩。身正，眼視槍尖方向（圖4－171）。

圖4－171

【要　點】

纏與點要連貫，勁力由柔變剛。

【用　法】

接上勢。連續追纏，當我槍尖至裡門上槍時，突然用力下點，以敲擊其槍，欲尋機刺之。

54. 進步抽槍

⑴ 重心移於右腿，左腳收提於右膝前。同時，右手握槍把，臂內旋向右後提拉，手心斜向上；左手持槍稍下按，使槍尖向左下帶回。接著，左腳落地，屈膝成左順勢步。同時，右手握把，臂外旋向右、向下順向落於腹前；左手翹腕，使槍尖由下向左、向上繞至前上方。身正，眼視槍尖方向（圖4－172、圖4－173）。

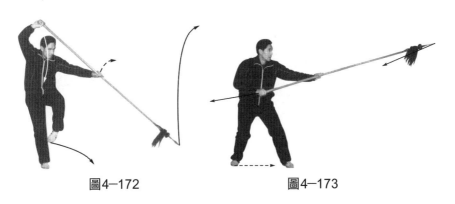

圖4－172　　　　　　　　　圖4－173

⑵ 重心移於左腿，右腳向左腳收靠，兩腿稍屈。同時，右手握把向後下拉，臂伸直，手心向下；左手鬆握，使槍桿向後滑動。接著，重心移於右腿，左腳向前（南）邁出一步，屈膝成順勢步。同時，左手持槍，屈臂收槍於胸前，肘尖向左斜下方，手心向下；右手鬆握不動，使槍桿滑過，槍尖與眼同高。上動不停，上體微左轉，重心移於左腿，右腿向前蹬出，腳尖向上，身正，眼視槍尖方向（圖4－174～圖4－176）。

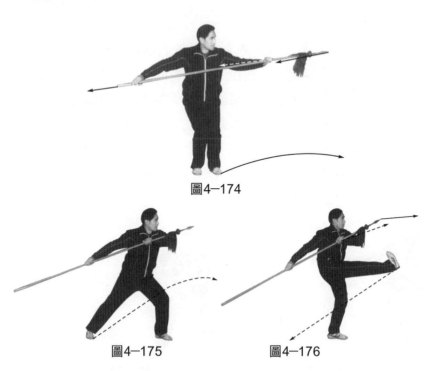

圖4—174

圖4—175　　　　　圖4—176

【要　點】

兩手的抽槍動作要連貫，並與步法協調一致。

【用　法】

接上勢。敵手順我下點之勢，出槍下刺；我再次提腿（向上）黏纏，並速抽槍進步，至其身前，隨即提腿踹之。

55. 退步射槍

上體微右轉，右腳向後落地，仍成左順勢步。同時，左手持槍，向前伸臂短刺；右手鬆握不動，使槍桿向前滑過，當左臂伸直後，隨即右手握把，臂外旋向前推刺，至左胸前，手心向裡。身正，眼視前方（圖4－177、圖4－

圖4-177

圖4-178

178）。

【要　點】

兩手向前刺槍的動作要連貫迅速。槍桿的滑動（射出）既要活又要牢固，並與退步落腳協調一致。

【用　法】

接上勢。敵手為避踹而退；我趁勢速射槍刺之。

56.退步纏槍（怪蟒坐洞）

重心移於右腿，左腳向右腳收靠半步，兩腿屈膝半蹲。同時，右手握把，臂內旋，由左胸前向下（貼身）、向右逆向弧形下繞至腹前，手心向下；左手持槍，手腕上翹（臂部基本不動），使槍尖向上、向左逆向纏繞至左前方。接著，重心移於左腿，右腳向後（北）移動一步成左順勢步。同時，右手握把，臂外旋向上、向左逆向弧形繞至頸前，手心向裡；左手持槍，手腕下屈，使槍尖繼續向下、向右逆向纏繞至前下方。接著，左腳再向右腳收靠，兩手握槍繼續逆向繞圓……如此重複三至五次，上體側向

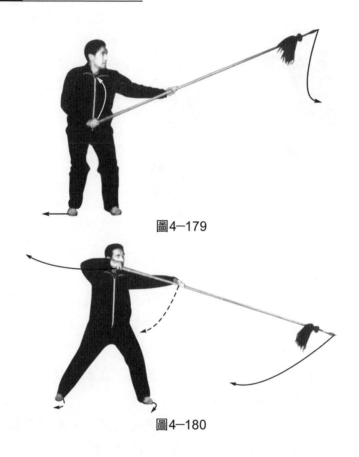

圖4-179

圖4-180

而正直,眼視槍尖(圖4-179、圖4-180)。

【要 點】

同「進步纏槍」,只是槍的纏繞及步法的運行方向相反。

【用 法】

接上勢。敵手若用裡門側擊迎應我的射槍;我即逆向黏纏。敵欲進步上挑;我繼續逆纏,並退步以避黏著點逼

近我手。

57. 行步拖槍

⑴ 當右手繞至頸前時，以兩腳掌為軸，身體向右轉90°，重心移於右腿，屈膝成右弓步。同時，右手握把，臂內旋向右抽拉至右肩側上方，臂微屈，手心向前下；左手持槍，臂內旋下壓至左髖後，手心向後，使槍桿從手中滑過拖帶於體側，槍尖斜向後下方，低於膝。上體微前傾，頭向左後轉，眼視槍尖方向（圖4－181）。

⑵ 上動不停，兩手持槍姿勢不變。左、右腳連續向前（北）走四至六步，體微前傾，眼視槍尖方向（圖4－182）。

圖4－181　　　　　　　圖4－182

【要　點】

抽槍與轉身要協調，行步要穩，不可有起伏。

【用　法】

若敵手裡門下刺；我用拖攔槍，佯敗逃走，以誘敵手追擊。

圖4—183

圖4—184

58. 轉身崩槍（怪蟒朝鳳）

當右腳前邁落地時，腳尖內扣，並以兩腳掌為軸，向左轉體約 90°，重心移於左腿，屈膝成左弓步。同時，右手握槍把，臂外旋向前下推壓至腹前，手心向裡；左手持槍（槍桿前滑），臂稍上舉，手腕用力上翹，使槍尖向前上崩起，高與胸齊。隨即左臂舉平，手腕下屈，手心向下，右手握把向前上推刺。身正，眼視槍尖方向（圖4—183～圖4—186）。

【要　點】

轉身與崩槍要協調，崩與刺要連貫。

【用　法】

若敵手緊追並上刺時；我向左急轉身（右腳向左前邁

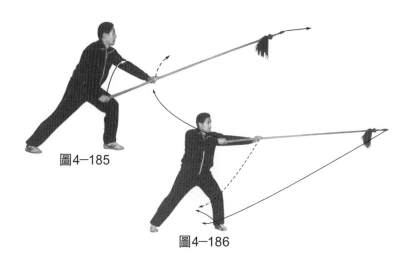

圖4-185

圖4-186

出）運用崩槍，崩其手、挑其槍，隨即刺之。這是敗中取
勝的著法。

59. 提膝抽槍

重心移於右腿，左腳收提於右膝前。同時，右手握
把，臂內旋向頭的右上方抽拉，手心斜向上；左手鬆握，
使槍桿向後滑動，臂微屈收至左膝內側，手心向下，使槍
頭置於左腳背前下方。身正，眼視前方（圖4-187、圖
4-187正面圖）。

【要　點】

兩手收槍要連貫，並與收腿提膝協調一致。

【用　法】

這是一種運動後的收槍動作，要求氣勢飽滿，神態自
然，架勢穩健。但其仍蘊含著技擊意義：若敵手向我下
刺；我提膝抽槍，可左、右攔避，並舉把以備還擊。

圖4-187　　圖4-187正面圖　　圖4-188　　圖4-189

60. 收 勢

左腳前落，腳尖內扣，體向右轉90°，重心移於左腿，右腳向左腳併攏，面西而立。與此同時，左手持槍，向前上舉，收至右肩外側；右手持槍下落於右腿側，使槍桿豎立於體右側，隨即左手收放於左腿側。身正，眼視前方（圖4-188、圖4-189）。

【要　點】

收槍與步法協調。身體自然站立，兩肩鬆沉。

第 5 章

陰把槍應用槍術

　　陰把槍是一種實用性較強的槍術。其用槍原則，基本上是「來人晃槍我以黏槍，來人刺槍我以拿槍，來人抽槍我以綿槍」的黏連用槍法。即搭槍後，在黏隨、拖悠或纏繞中，緊緊把對方沾住，使其欲進不得，欲脫不能，逼其在背勢中受著（當然這不僅僅靠槍法，更重要的是靠聽勁懂勁的功夫）。

　　在運用中，該槍術一般是不主動進攻的；在傳授中有這樣的諺語：「槍見槍不許慌，必先讓他三五槍，不怕他硬比咱強，回手再引陽滿堂。」這個「讓」就是不先進槍，而是要在他搶先的三五槍中，試探其勁力，並掌握其出槍的規律，從而決定自己的走槍方法。

　　其具體的用槍法則是：「如遇對方守而不動，應採用虛裡藏實的槍法黏隨之；如遇對方虛晃而不進，應以進實出虛（實中有虛）的槍法黏隨而鎖拿（或急進身入環鎖而刺之）；如遇對方進槍快而猛，需用虛實之槍黏隨之，等待辨認，視情出急出銳。」

　　在方法上一般用的卻是「吃還隨勁跟」的後發先至的

招法，這招法的運用，往往是上來上應，下來下隨，當然有時也用「引槍」以誘對方，然後黏隨出槍或趁空急入。這兒所講的槍法，是在對方進槍時，我所採用的迎應招法，即所謂的走槍方法，在這些方法中，一種是先走化後進招的用法，即將對方的槍引至空處，隨即進槍。該槍術稱謂「挪拿」，如「飲風吸露，怪蟒反身」等槍法。另一種是在對方進招的同時我也進招，在進招中，將對方的進槍擠在一邊。這方法稱謂「吃還並」，即後法先至的用法，如「怪蟒挺身，怪蟒滾林」等槍法。

這兩種槍法雖然在上中下槍法中都有運用的機會，甚至在同一槍術中，亦可運用兩種走槍法，但選擇哪一種，卻不能憑主觀意志決定，而要根據對方進招的情況和自己的聽勁功夫去決定。

陰把槍雖說「上有騎槍七十二，下有拖槍三十六」的一百零八槍，但這一百零八槍，正說明它的槍法是無窮盡的，變化多端的。正如槍譜中所言「隨槍使槍法，隨槍出槍法，進身使用周身法，隨槍無形法，無中能用有中法」。而這變化無窮和「無形法」的槍法，只能從先師們傳下來的有形槍法中去尋找和發展。

下面就將槍譜中所講的基本槍法，即在受到攻擊時的走槍方法作一介紹。

一、上　槍

陰把槍稱上槍為「騎槍」。

（一）裡門上槍

走槍時基本用槍方法，可概括為拿、翻纏、抽撥、挺悠，其他槍法均由此發展而來。

1. 在乙上刺攻擊時的走槍方法

⑴ **拿**（或扣拿）

甲持槍與乙槍相迎（搭槍），並順其攻勢裡翻，用槍的前端扣壓或劃擊乙槍，使乙進槍挪位，然後出槍還擊。用槍時，右腳可稍向身後移動；還擊時，視情可上左腳，即所謂「你用上刺槍，我用騎拿槍」和「你槍上部來晃槍，我用騎槍使槍拿」，所謂「劃擊」即批劃其前手，謂之「怪蟒闖批」（圖5－1～圖5－3）。

⑵ **挺　悠**

甲持槍與乙槍相迎，並順其攻勢，兩手順向擰滾，前臂挺伸，後手前推，左腳稍向前移動，使槍身在滾動中斜向前方刺出。此動謂之「怪蟒爭風」（圖5－4～圖5－6）。

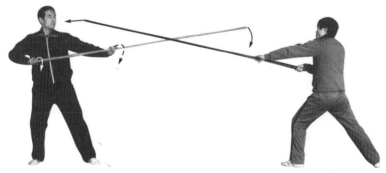

圖5-1

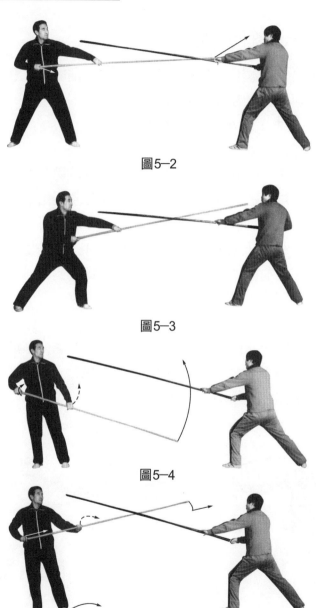

圖5—2

圖5—3

圖5—4

圖5—5

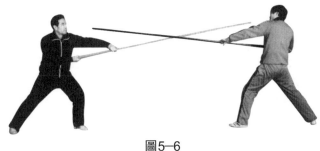

圖5—6

【要　點】

要突出前臂挺伸動作，使槍尖直指對方。擰滾與推刺要協調一致，槍身有一定的斜度（即不可平刺）。

⑶抽　撥

甲持槍與乙槍相搭，順其攻勢，兩手逆向擰滾，後手向後抽拉，前臂挺伸微向右撥（不可過量），槍桿貼身斜抱。如此，可將乙的進槍挪位，然後根據情況進槍還擊。後拉動作應與擰滾及乙的進槍速度基本一致。這樣的抽槍有「澀滯」感（即有黏著力），不可快速向後滑動。如此既能在勁力上黏隨運化，又不致在槍法上將黏著點移向我方，而保持了防中寓攻的原則（圖5—7、圖5—8）。

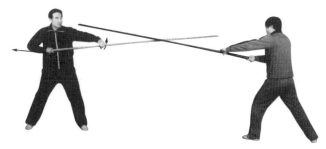

圖5—7

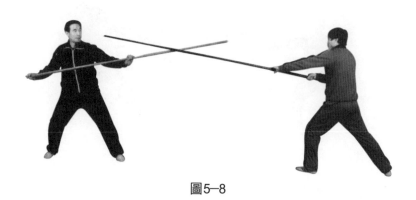

圖5-8

2. 在乙劈槍攻擊時的走槍方法

⑴ 壓

甲持槍與乙槍迎應，順其攻勢，兩手順向撐滾，前手臂稍向下扣壓，右腳向左腳後移動成右偷步，從而用己槍之前端，順勢壓在乙槍之上，隨即可進槍還擊。此謂「怪蟒吸風」，即「你用劈手槍，我用壓字槍」（圖5-9～圖5-11）。

圖5-9

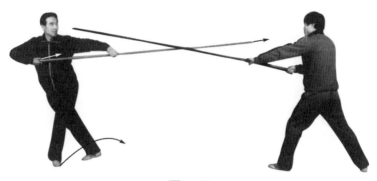

圖5—10

圖5—11

⑵掃

　　甲持槍與乙槍迎應，順其攻勢，兩手順向擰滾翻壓，右腳可向身後偷步。隨即兩手持槍順乙槍桿向左上擺動，用槍尖向對方的面部擺掃（前手稍高於後手），掃擺時後手向前推送（左腳亦可上步）。此謂「怪蟒朝月」（月者眼也），或「怪蟒朝崑崙」（夾耳槍）（圖5－12～圖5－14）。

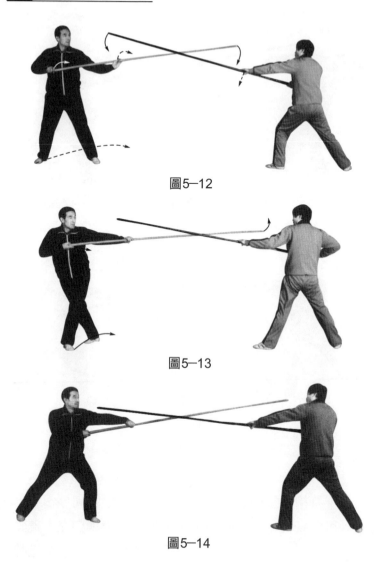

圖5—12

圖5—13

圖5—14

(3)翻　纏

甲持槍與乙槍相迎，在搭槍的瞬間，感到乙的劈槍向

裡搬力較大，便順其勢，兩手逆向畫弧擰轉，後手在旋擰中逆向上舉，使槍尖逆向弧形下落，從而引乙槍向下滑落，使其劈槍落空。此槍法運用的條件是：彼槍下劈時搬靠力較大（或是壓、按槍法）。走化時，前臂要支撐好，上下移動的幅度要與乙槍勁力的大小相適應，即要緊緊地纏靠住對方，甚至稍給予抗力，使其有得勢之感（即不能過早暴露己之意圖），如此才能誘彼走入落空之險。當纏繞過半時，右腳向右前上步，加快纏繞速度，並順其槍桿挑擊其前手。此槍謂「怪蟒頂蓮」（圖5－15～圖5－18）。

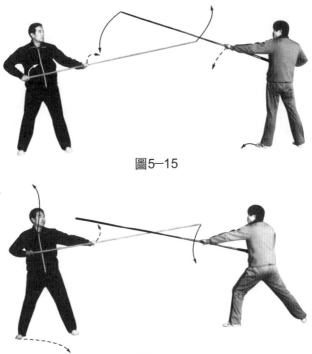

圖5－15

圖5－16

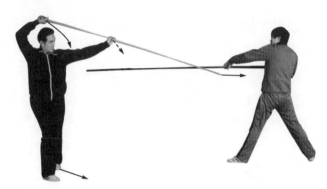

圖5-17

圖5-18

　　另在搭槍時，根據對方槍力（劈、壓、按）的輕重，還可做出如下的走槍方法：

　　①「怪蟒反雲」。彼槍擊力較輕，我順勢逆向纏繞，從彼槍下繞至外門（使彼落空），兩臂上舉（朝頂槍），可刺其手臂，右腳要向右前上步。

　　②「怪蟒搜林」。彼槍擊力稍大，我順勢翻槍，上步刺其胸肋。

③「死蛇搭地」。彼槍擊力較重，我順勢翻槍後刺其腹膝。配合步法（圖5－19、圖5－20）。

④「怪蟒探地穴」。彼槍擊力猛，我順勢翻槍刺其腳。配合步法。

上述槍法，雖走槍方法一樣，但根據對方用力的大小不同，而還擊時出槍的高低部位亦不同。從而可進一步理解「吃還隨勁跟」和「隨槍使槍法」的深刻含意，學者須自悟。

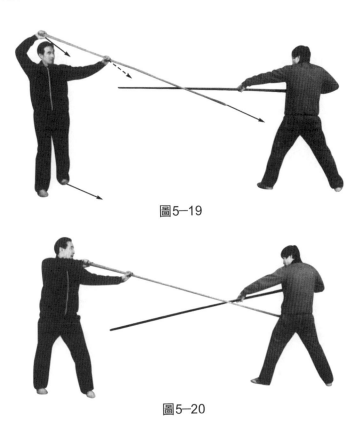

圖5—19

圖5—20

（二）外門上槍

走槍時基本用槍法，可概括為黏展、翻纏、點、按。

1. 在乙方上刺攻擊時的走槍方法

⑴黏　展

甲持槍與乙槍迎應，順其攻勢，甲兩手臂逆向弧形擰滾，用槍的前端滾動下劃，使其槍桿被擠挪位，隨之還擊。若在滾動下劃時，後手稍前推，則可劃去其前手（亦稱外展劃），即所謂「你若上部外槍入，我用黏展把你逼」（圖5－21、圖5－22）。用外槍時兩肩要鬆沉外展，使前手臂與背部基本上保持在一個垂面內，但不可挺胸。

圖5-21

圖5-22

　　另，在我黏展時，右腳向右前上步，用槍的前端黏壓在彼槍上，隨即順其槍桿擺掃其面部，謂之「怪蟒影身」（外門天邊掃月）槍法。

　　⑵ 帶

　　同裡門上刺槍走法之⑶（抽撥）。

2. 在乙方劈槍攻擊時的走槍方法

　　⑴ 按

　　甲持槍與乙槍迎應，順其攻勢兩手逆向弧形翻擰，隨其下劈之勢，用槍的前端下按在彼槍之上，同時右腳向右前上步。此謂「怪蟒弄風」。下按後，順被槍桿擺掃其面部，為「天邊掃月」，或稱「怪蟒擺頭」槍法（圖5－23～圖5－25）。

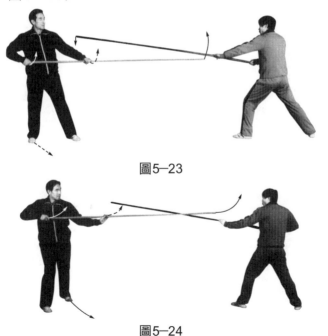

圖5—23

圖5—24

(2) 點

甲持槍與乙槍迎應，順其攻勢，前臂伸直，手腕下屈，後手臂外旋，迅速向上提把，使槍順乙槍桿下滑，用槍尖點擊其前手腕；同時，右腳上步。此謂「怪蟒吸食」。（圖5－26、圖5－27）。

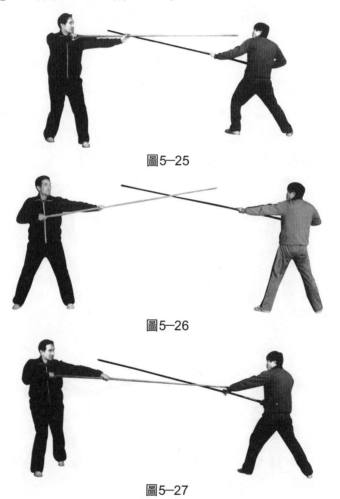

圖5－25

圖5－26

圖5－27

3. 在乙用按槍攻擊時的走槍方法

(1) 翻　纏

　　甲持槍與乙槍迎應，順其攻勢（如乙按勢較猛），兩
手順向弧形翻擰，後手貼胸上提，使乙槍下按之勢順勢下
滑落空，並配以右偷步。得勢後，左腳上步出槍還擊。所
擊部位要根據對方下按的程度而定，輕按上刺，重按下
刺。此謂「怪蟒反身」（刺或挑手）及「怪蟒吸水」（刺
腹部）（圖5－28～圖5－30）。

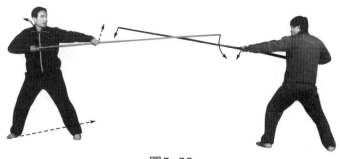

圖5－28

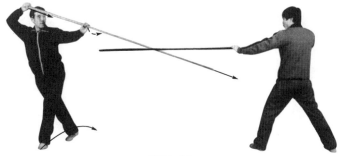

圖5－29

(2) 滾

　　如果乙方按槍幅度較小，甲持槍順其勢，逆向擰滾，後手上提並前推，用槍尖攻點其手；同時，右腳向右前上步，即所謂「你用按字槍，我用滾腕槍」（圖5－31、圖5－32）。

圖5－30

圖5－31

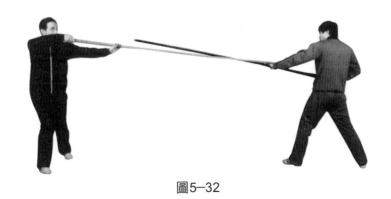

圖5—32

二、中　槍

陰把槍稱中槍為「批槍」。

就槍術而言，「批」既是防守槍法，也是攻擊槍法，或者說是防中寓攻，「吃還並」的一種槍術。該槍術視前手為「架機（即槍）之表尺」（後手為「發槍之主力」）。從槍桿的角度看，前手為支點，後手為力點。但該槍術的陰手握把，由於肩、肘、腕三關節能在「架機」中靈活的轉動，不僅賦予支點以無限的活力，而且也給槍身注入了剛柔相濟的勁力，從而改變了傳統槍術中的支點概念。

持槍後，不論攻守雙方，前手是距對方最近的身體部位，它既是門戶，又是前鋒，故必先受擊。因此快速有效地制服對手的進槍，並給予迅雷不及掩耳的還擊，可說是前鋒克敵制勝的首要任務。

中槍所針對的身軀，上自兩乳，下至陰戶，體積大，

且要害部位集中,根據該槍術用槍法則,對陣時,槍不可持平,應保持一定的前高後低的斜度,如主槍勢——騎槍。因為有斜度,才能與對手的進槍有交叉相遇的機會。在使用防禦槍法時,彼槍不易逃脫。

用主槍勢對陣,是因為對手沒有出槍時,我不知其攻擊什麼部位。槍尖高,對對手很有迷惑力,認為有破綻可進,彼若中平入刺,因我槍尖在上,只要前手一翻、後手一擰,則槍尖迅速弧形下滑。

這速度一方面來自旋臂翻掌之捷,另一方面也是啟動了槍身由高向低的重力加速度。這兩種力所賦予槍尖的速度和勁力,是無可比擬的。之所以要談「持槍法」。是因為有人認為中槍就應把槍端平。但對不主動攻擊的陰手槍來說,這是不可取的,因為對手出槍很急,我在搭槍速應的剎時,可使出快速的批擊。

該槍術進攻前手的槍法,除批槍外,還有剁、撩、點、丟等,而這裡僅提出批與刺,是因批、刺是一種常見的槍法。其他均包括在上、下槍術中,不單獨講述。

1. 乙裡門批槍時的走槍方法

⑴ 以批克批

甲持槍與乙槍迎應,順其批槍攻勢,兩手臂順向擰滾裡翻,後手稍前推,運用槍桿前端的弧形甩動力,可使乙之進攻挪位。其時我之槍尖已劃擊其手。此槍謂「怪蟒滾松」和「你用批手槍,我用批手槍」(圖5－33、圖5－34)。

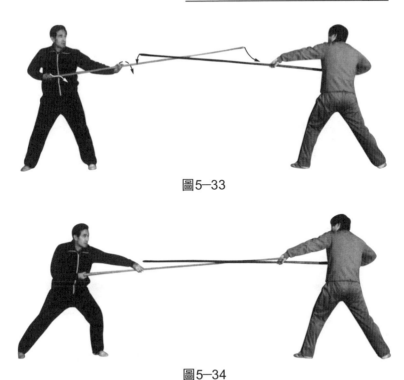

圖5—33

圖5—34

⑵ **翻　纏**

　　在迎應時，如感乙方的批槍動作較大，應順其勢兩手逆向翻滾，後手由下向右上弧形上舉，使槍的前端順其批勢，逆向繞弧，將其攻勢引向外側（落空）。同時可向右前上步，隨即順桿撩挑其手，謂之「怪蟒翻身」，「你用批手槍，我用翻字槍」和「飲風吸露」（即到外門刺手）（圖5－35～圖5－37）。

⑶ **挺　悠**

　　在迎應時，如感覺乙方批槍動作較小，順其勢兩手逆

向擰滾，前臂外旋向前挺伸，後手臂向前（稍偏下）推
刺；同時，前腳稍向前移，腰向前挺，這樣便可在滾動

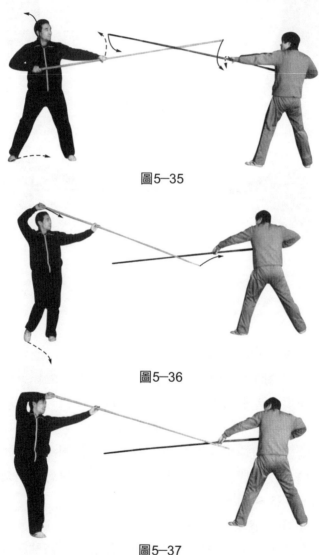

圖5—35

圖5—36

圖5—37

中走化彼槍之力的同時，向前挺伸，擠開對方的進槍，向
其喉部刺去。此謂「怪蟒挺身」（圖5－38～圖5－40）。

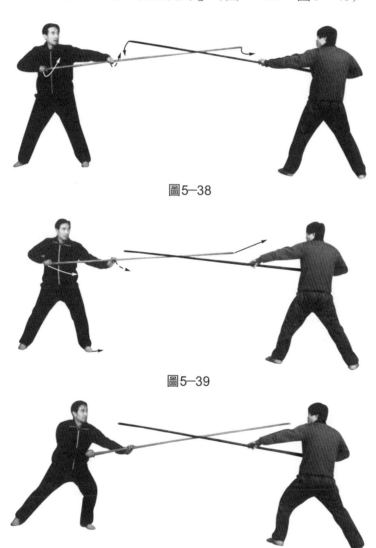

圖5－38

圖5－39

圖5－40

2. 乙外門批槍時的走槍方法

⑴ 以批克批

同裡門批槍⑴，只是兩手逆向擰滾展劃，此謂「怪蟒滾林」。

⑵ 黏　展

甲持槍迎應乙槍，順其攻勢兩手外展；同時，右腳可向右前上步，使槍桿的前端逆向繞弧，斜壓在乙槍上，隨即向前甩動（壓、甩動作要連貫）。此槍謂「怪蟒展腰」。如果對方的外批動作較大，可參考外門上槍中「按槍」走法。

此外，還有「怪蟒朝五虎」（五虎即前手）槍法。在彼使用外批槍（批勢大而猛）時，我兩手順向擰滾翻槍，至裡門刺撩其手；同時，右腳偷步（亦可用朝頂槍法）。

3. 乙裡門中平刺槍時的走槍方法

⑴ 批　槍

甲持槍在乙槍入刺時，兩手臂順向擰滾，翻批其槍，擊其手。

⑵ 撻　擊

甲持槍在乙槍入刺時，右腳向左後移步的同時，兩手臂裡翻，用槍前端的弧圈之力，擊打其槍或前手（用力快而脆），謂之「你如中部來闖進，我用撻字斜身應」。隨即刺之，或擺掃之。

4. 乙外門中平刺槍時的走槍方法

⑴ 批　槍

甲持槍在乙入刺時，兩手臂逆向擰滾外展，批其槍或

擊其手。亦可稍向右前上步（圖5－41、圖5－42）。

⑵**點　擊**

在乙入刺時，我向右前上步，兩手外翻，用槍前端拍擊其槍，點擊其手（用法同撻擊）（圖5－43～圖5－45）。

⑶**黏　掃**

甲持槍黏其進槍，兩手逆向擰滾，並向左撥壓以解其力，隨即左手向前擺掃，右手前推，可掃其身手，即謂「你若中部外槍晃，我用黏桿磨盤框」（**參見外門上槍「黏展」**）。

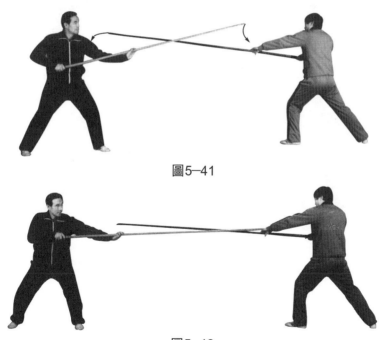

圖5-41

圖5-42

圖5-43

圖5-44

圖5-45

三、下　槍

陰把槍稱下槍為拖槍、攔槍、勾悠槍。

（一）裡門下槍

走槍時基本用槍法有：撐悠、攔、撩、提、搭擊。

1. 在乙方下刺時的走槍方法

⑴撐　悠

甲持槍與乙槍迎應，順其攻勢，兩手順向擰滾，前臂挺伸稍向上舉，後手前推，用己槍緊靠彼槍，向前推撐，將乙槍擠在一邊的同時向其下部刺入。此槍謂「怪蟒入泉」、「你若下部來晃動，我用撐字往前攻」（圖5－46、圖5－47）。

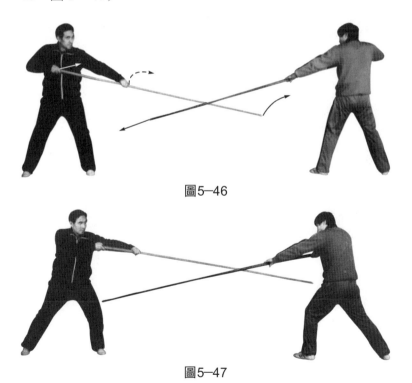

圖5-46

圖5-47

⑵ 攔

甲持槍與乙槍迎應，順其攻勢，前臂伸直黏靠其槍，兩手逆向擰滾，後手向後上抽拉，並用槍的前端向右後帶撥（不可偏量），使乙槍挪位，隨即還擊（圖5-48、圖5-49）。

⑶ 撩

甲持槍與乙槍迎應，順其攻勢，甲兩手逆向擰滾，並向前上推撐，靠擠乙槍挪位的同時，撩擊其手，此謂「怪

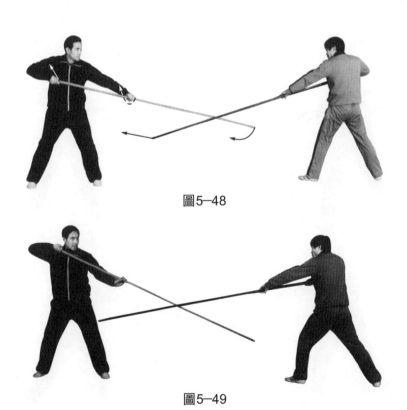

圖5-48

圖5-49

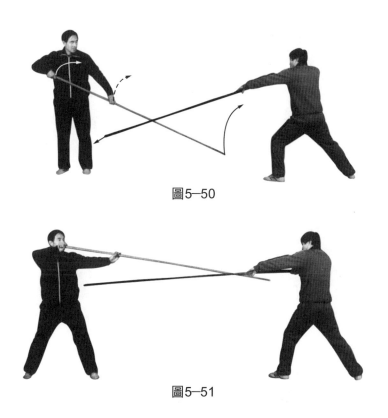

圖5—50

圖5—51

蟒黏崖」、「你若下部來晃動，我用撐字往前攻」（圖5－
50、圖5－51）。

⑷ **搭　擊**

甲持槍，在乙槍入刺時，左手臂向右，右手向左，猛
力而短促地擺動槍身，使槍的前端產生一種向彼槍的敲擊
力，將其進槍擊開，隨即還刺其腿。此謂「撥草尋蛇」
（圖5－52～圖5－54）。此類槍法，上下左右均可使用，
但勁力宜用短促的爆發力，擊後自己的槍身不可偏量。

圖5—52

圖5—53

圖5—54

2. 在乙槍下撩槍時的走槍方法

撩與挑都是由下向上甩動槍桿的進攻動作，並常結合

在一起使用，故有「撩挑合相用」的說法。

⑴ **撩**

　　甲持槍與乙槍迎應，順其攻勢，兩手上舉（朝頂槍）逆向擰滾，並配右腳偷步，使槍桿緊靠乙槍上滑劃挑，逼乙槍挪位（落空），而用已槍尖封閉其前手。此槍稱為「怪蟒挑經」、「你用撩手槍、我用撩手槍」、「若有下槍來撩進，須用槍尖閉手長」（圖5－55、圖5－56）。

　　如果乙用槍從裡門掃甲腿部，甲亦可順勢從其槍下向上撩挑其手，所謂「你用掃腿槍，我用撩手槍」。

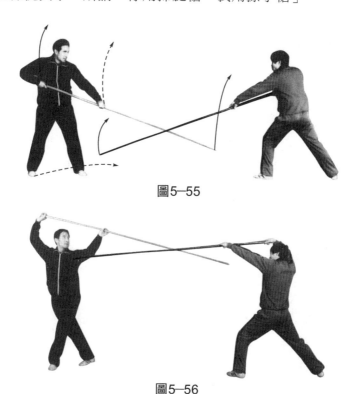

圖5－55

圖5－56

「你用撩手槍，我用撩手槍」是「以撩克撩」的一種
槍法，連同中槍中的「以批克批」，甚至「以劈（或按）
克劈」的槍法，都是陰手槍中後發先至的一種「吃還並」
槍法，槍譜云：「槍斜槍不可刮」，即兩槍斜著相搭（上
搭或下搭）時，不可隨意順彼槍桿向下或向上劃擊（劈、
撩）。這可說是該槍述的一條用槍法則。否則就會被同樣
的槍法所制服。

　　運用上述槍法時，關鍵在於前臂挺伸，擰滾槍桿，緊
靠彼槍，掌握力度。如此可在兩槍運行中，使彼槍挪位，
而吃還之。在運用中可配合適當的步法。但應注意彼槍在
運行中的變化，即所謂的「出入防半回」。

　　⑵ **提**

　　甲持槍與乙槍迎應，順其攻勢，兩手臂上舉（過
頂），並逆向擰滾，使槍順勢上提，並配以右偷步，從而
使乙槍移位走空。此時，我槍已插在彼槍之下，並向其胸
部刁刺。此槍謂「怪蟒戲東風」、「你用裡挑槍，我用提
字槍」（圖 5－57、圖 5－58）。

圖5－57

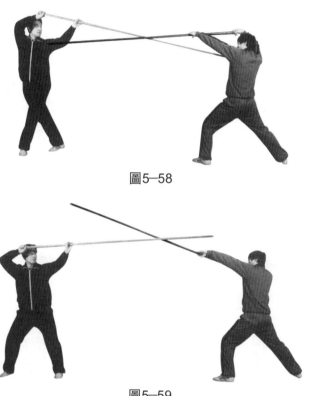

圖5—58

圖5—59

　　若彼槍撩勢較猛，我可順其勢，向上提挑拋扔之（圖
5－59）。

（二）外門下槍

走槍時基本用槍法有：勾帶、托扶、按、挑。

1. 在乙方下刺槍時的走槍方法

⑴勾　帶

甲持槍與乙槍迎應，甲順其攻勢，兩手逆向擰滾，向

上舉槍過頂成立水槍，並向左腿外側勾帶，（不可偏量）使其進槍移位。槍譜稱「立水裡外攔，雙手高起平」。如果彼槍進攻較猛，在勾帶時，左腳向右偷步，所謂「你若下部外搶戲，我用立水偷步閉」（圖5－60、圖5－61）。

另外，在彼入刺很猛的情況下，勾帶時，左右腳相繼向右前上步；同時，後手槍把向彼蓋打，此謂「怪蟒倒絞風」（圖5－62～圖5－64）。但在運槍中，注意彼槍的變化，如：⑴向上挑手；⑵抽槍從裡門進攻。

圖5－60

圖5－61

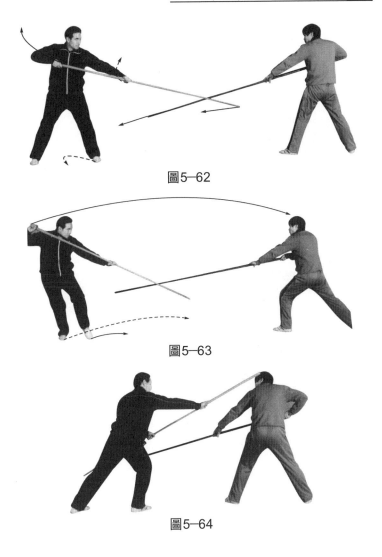

圖5—62

圖5—63

圖5—64

(2) **托**

　　甲持槍與乙槍迎應，甲順其攻勢，兩手逆向擰滾並上舉（前臂伸直），後手前推，使槍前端緊靠彼槍，撩挑其

手；同時，向右前上步（右腳或左腳）。此謂「怪蟒滾坡」（圖5－65、圖5－66）。

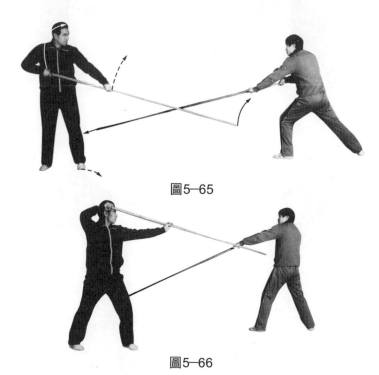

圖5—65

圖5—66

2. 在乙方撩挑時的走槍方法

外槍相遇，前臂及身體的暴露面較大，特別是前臂，距對方最近，所以首先遭到攻擊是必然的。對前臂的攻擊方法，是以撩、挑、崩為主的。

根據具體情況，其走槍方法應是：

⑴ **按**

乙崩挑甲手；順其攻勢，甲兩手臂上提，以緩減其

力，當手腕接觸乙槍前端時，隨即前臂微屈，手腕下按，
用槍與前臂構成的夾角，將其進槍封鎖住，同時，速進步
刺其身。所謂「你用挑手槍，我用按字槍」（圖5－67～
圖5－70）。

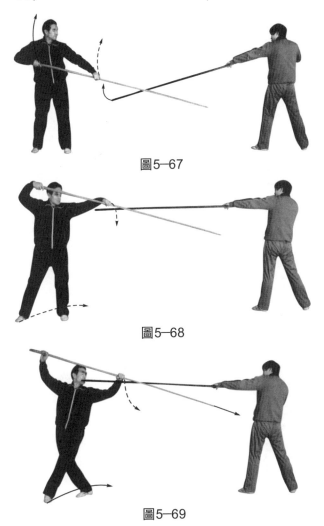

圖5—67

圖5—68

圖5—69

圖5—70

⑵ **帶**

如果乙方撩挑甲手腕或前臂時；甲左臂外旋，前臂屈
肘向上（豎直），手腕上翹，右手臂內旋上舉，使其上挑
之槍，從前臂前面向上滑過（撩挑落空），同時右腳偷
步，出槍刁刺其上部。所謂「你用挑腕槍，我用帶肘槍」
（圖5－71～圖5－73）。

如果乙方撩挑甲肘部；甲雙臂上舉成朝頂槍，並做
偷步刺槍法，謂之「你用挑肘槍，我用過勢槍」（圖5－
74）。

圖5—71

以上可說是「誘槍法」的例子。

圖5—72

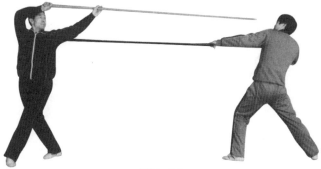

圖5—73

圖5—74

⑶ 扶

甲持槍，與乙槍迎應，甲順其攻勢，兩臂上舉，前腕上翹，同時右腳向右前上步，使槍黏靠著乙槍向上移動，在移動中甲槍前端插在乙槍之下，隨即順勢向上扶托，使其撩挑落空，之後可用其他進攻槍法，如刺、掃、拋扔等。所謂「你用外撩槍，我用扶字槍」（圖5－75～圖5－77）（圖為拋扔法）。

⑷ 撩　挑

同「扶」字用法。當乙方用撩挑攻擊時；甲亦以同樣的槍法還擊，可配以步法。所謂「怪蟒朝風」（即進步斜

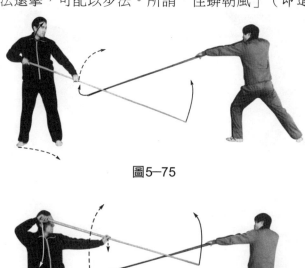

圖5－75

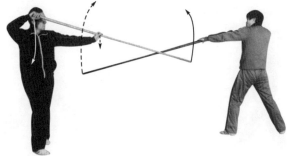

圖5－76

門挑手）和「怪蟒探天橋」（即你挑手，我也挑手）便是
此用法（圖5－78、圖5－79）。

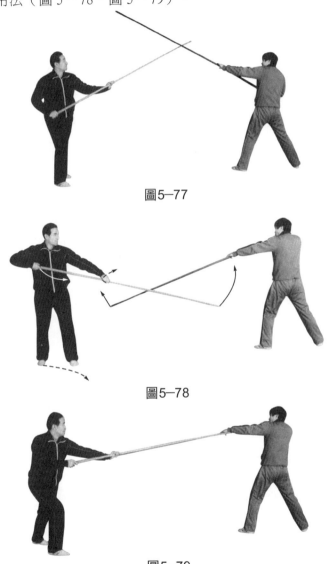

圖5－77

圖5－78

圖5－79

撩挑提扶都是由下向上的走槍方法，在走槍中要根據實際情況，可逆向或順向纏繞，並與上槍連在一起使用。

四、圍身槍法

圍身槍是陰把槍的短用槍術和槍棍互變的使用法。槍譜稱：「槍裡用棍法，棍裡變槍法，進身使用周身法。」在槍譜中有多處提及該槍法，但用字不一，如：「維身騎槍」、「圍身騎拿槍」「衛身前手超」。三種提法均說明短用槍法主要是指「騎槍」，即上槍。

筆者以為用「圍身槍」或「圍身騎槍」更恰當。在使用該槍術時，必須與步法、身法及腿法密切配合，這樣才能達到「進身使用周身法」的效果。其基本用法可概括為：擊、扣、拿、撩、戳等。

（一）裡門槍

1. 擊

是指用槍把劈打、橫擊等動作。

兩槍相黏，乙用力搬壓；甲可順勢黏走，同時右腳上步，向左轉體，右手甩把橫擊（或上或下），謂之「青龍擺尾」（圖5－80～圖5－82）。

同上勢，甲可用實中藏虛之槍法，推靠乙槍，誘其抗力，得勢後，用把擺擊。

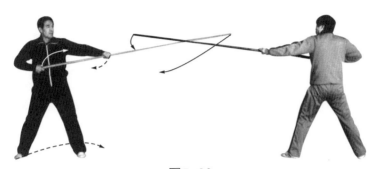

圖5—80

圖5—81

圖5—82

2. 扣　拿

是指將對方的槍鎖拿後，再進擊的方法。

乙上槍進刺；甲迎應時，在黏槍進步（串步或偷步）的同時，兩手（相繼）向後抽帶，以短槍與之黏靠，隨即前臂下屈，後手上舉，用前臂與槍桿構成的夾角，夾住乙槍，並向前下按壓（注意防止對方抽槍），接著，後手向前推刺，謂之「怪蟒望清泉」（圖5－83～圖5－86）。

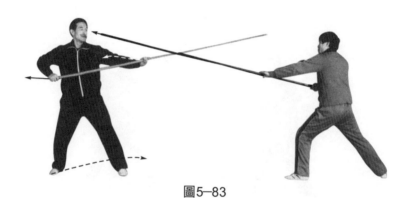

圖5－83

圖5－84

在上述槍法中，下按後還可用腳踏住乙的槍頭，然後
刺之，謂「踏刺槍」（圖5－87、圖5－88）。

圖5－85

圖5－86

圖5－87

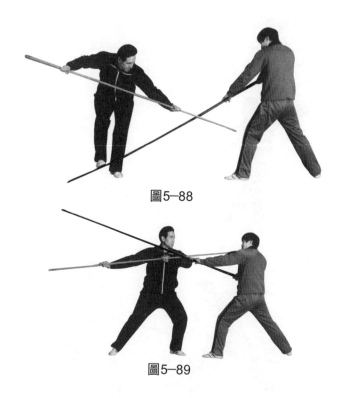

圖5−88

圖5−89

此外，在乙進刺時，甲黏槍兩手向後抽帶，同時急進步，刺之（圖5−89）。

（二）外門槍

1. 撩

是指用把撩擊的方法。

乙上槍進刺；甲黏槍迎應，順勢屈臂向外掛帶，同時右腳上步，向左轉體，右手滑把由下前推，撩擊乙之下部，謂之「老龍攘尾」（圖5−90～圖5−92）。

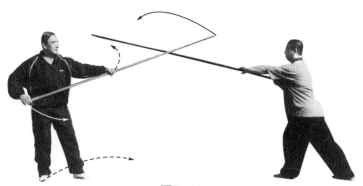

圖5—90

圖5—91

圖5—92

2. 戳

是指用把端墩擊的動作。

乙上槍進刺；甲黏槍順勢抽帶，同時右腳上步，體向左轉，隨即左腳偷步，用槍把戳其下部，謂之「怪蟒朝北斗」。

五、入環槍

入環槍也是陰把槍的一個重要槍術。所謂「環」是指握槍後，兩手臂與槍桿圍成的圈子。環的前部，即前手與槍桿構成的夾角，因距對方最近，所以就成為入環攻擊的主要部位，入環槍長槍可使，進身抽成短槍後更可用。如何才能獲得入環的機會呢？搭槍時用槍的什麼部分與對方的槍相交是非常重要的。槍譜稱：「要辨明騎槍部位之遠近再搭槍。」在搭槍時，若用己槍之「槍欄位」，搶先搭到彼槍之「拿欄位」，此時，只要一翻滾，槍頭即有滾入環內的可能，進身後抽成短槍，配合周身技法（如腿法、步法），亦可獲得更多的入環機會。

該槍術的入環槍法大致可分為：滾環、挑環、環套環。

滾環：即騎槍入環法，是由上向下翻滾入環，入環後下壓回勾，然後速向前刺。謂之：「入環向下勾，回步胸前攻。」長短槍均可使用（圖5－93、圖5－94）。

挑環：即拖槍入環法，是由下向上用撩挑之法攻環的槍法（圖5－95、圖5－96）。

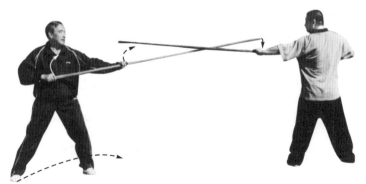

圖5—93

圖5—94

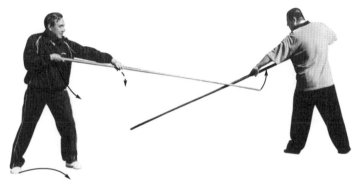

圖5—95

環套環：是以環攻環之法。如：彼滾（我）環，我亦翻槍滾環（要配以偷步）（圖5－97、圖5－98）。

圖5－96

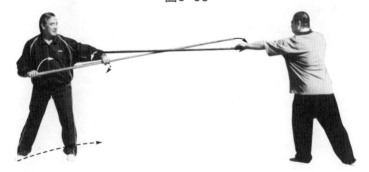

圖5－97

圖5－98

解臨環之危的方法：

1. 滾環解

滾環多來自裡門，在彼滾環時可用如下解法。

在彼滾環時，我順勢前臂內翻，手腕下屈，後手臂順向擰旋；同時，右腳向左後移動，體微右轉，使其滾環落空，隨即出槍刺之（圖5－99、圖5－100）。

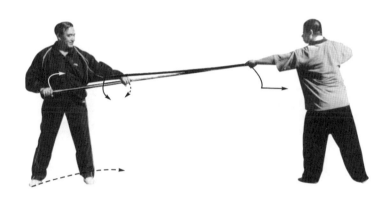

圖5—99

圖5—100

2. 咬環解

所謂「咬環」，即彼槍已入我環，勾壓住或挑住我手時謂之。此時，我可誘彼用力壓、挑，並將己槍對準彼身，然後，突然撒開前手，右手單手持槍入刺；同時，左腳退步，並向左轉身，隨即再退右腳，收槍左手重新持握（圖5－101、圖5－102）。

圖5—101

圖5—102

第6章

陰把槍槍譜

一、纏槍站勢口訣

小小架勢不可誇，祖師傳授在釋家（有秘訣）。
門裡知法門外涼，起手童兒一炷香。
呼吸調勻去雜念，左腿開步隨身量。
雙膊要垂兩肘下，胸挺背直賽金剛。
前腿彎曲後頂長，十趾抓地兩膝合。
前膊伸直後膊拉，眼視食指在何方。
要得周身歸一處，耳虎相對認老鄉。
若問此訣因何授，須訪忠義正直郎。

（注：括弧內的為吳桐先生所改）

二、纏槍起手分解

持槍之際有比仿，好比爐前一炷香。
左腿向前順勢步，雙手舉槍在頂上。

兩膝合步隨身量，斜視三尖在何方。

要得三尖歸一處，兩虎相對十指抓。

出手三槍刺天上，次練中平有何妨。

下有三槍在何地，古名三才分九槍。

起手一槍探崑崙，托天反上要使停。

二刺川雲為滾勁，提槍之勢來認真（原譜為忍針）

繞過鬚眉來入洞，撥雲見日掃天晴。

中平如箭刺乳房，雙膊一沉如金剛。

二刺奪門隨跟進，反桿來槍不可慌。

怪蟒挺身刺喉上，練熟此槍無人擋。

青龍入水不費難，解谿穴內要參纏。

怪蟒戲蝶頭揚上，懷中抱月環套環。

收步一槍要提防，直入氣海最難擋。

古法九槍勤學練，十八兵器唯它強。

三、刺槍十大要點

1. 要辨明騎槍部位之遠近再搭槍。

2. 變槍要聽好虛實，掌握時機，不可亂動。

3. 槍之奪閉之時間和速度，應互相配合。

4. 要知彼前後手之動力和走槍的方向。

5. 我之前臂直向前挺，不可彎曲，以免彼槍順勢串入。

6. 我之兩手須將槍身長短隨意射活，能隨機適用。

7. 要在入環部位使勁適當。

8. 要槍似身，身似槍，槍身不可分，應隨彼勁使勁勿強勿忘應對之。

9. 要辨明步與槍勁之合力，不可牽制。

10. 槍身要順，不可歪斜。

（注：此譜按吳桐先生修改之手筆編錄，參見影印件）

四、刺槍八大綱領

1. 順勢控膊，前後腳之距離。 2. 晃膊擰腕。 3. 串步之提力。 4. 搬虎口之意義。 5. 後手與自身之距離。6. 天上出槍之主要。 7. 拿環倒環之部位。 8. 靠身認勁之偏向，使方法之貫通。

五、八門槍（即八卦槍）

如先出槍，一刺人之口，為乾字槍飛門穴；二刺肋肢，為艮字槍期門穴；三刺腹，為坎字槍氣海穴；四刺咽喉，為兌字槍廉泉穴；五刺外膝眼，為巽字槍鼻犢穴；六刺左肩，為震字槍肩髃穴；七刺陰戶，為坤字槍下極穴；八刺乳間，為離字槍膻中穴。

對槊八槍部位表：一面部；二左肋部；三臍部；四咽喉；五左外膝眼；六左肩部；七陰部；八兩乳間。

六、騎拖槍用法說

擰滾悠丟紮，裡翻外展劃。

圈繞撩點靠，批砍迎剁絞。

上中下撐崩，吃還隨勁跟。

挑撻拍扝進，長短知軟硬。

搭槍有輕重，沾綿黏連應。

退步分門換，先後認力寬。

扛撥擠挨劈，推磨轉抽悠。

封閉擺捩照，張須右手超。

托提搬扣闖，奪法虛空晃。

勾帶三節打，坦抱串零八。

【注】

(1) 此乃陰手槍一百零八字之口訣，有人據此認為該槍術為 108 槍。作者認為「108」是個極數，表示無窮盡之意，因此用它來說明該槍術的變化是多端的。

(2) 原譜有許多錯別字，經考研作了修正。如「悠」原為「拘」；「劃」原為「括」（讀活）；「砍」原為「坎」；「剁」原為揉；「崩」原為「掤和搤」；「沾綿黏連應」原為「黏綿年連應」；「扛」原為「據」；「撥」原為「撲」；「擠」原為「扢」；「挨」原為「扔」；「劈」原為「擗」；「挪」原為「攞」；「挺」原為「停」；「坦」原為「擔」。

七、騎槍解

黏挨撻抈正，兩膞相直順。
微斜進身刺，眉間至喉寸。
挺悠向上沖，隨勁換把平。
入環向下勾，回步胸前攻。
衛身前手超，綿劃推拿沉。
擠扛要識勁，發搶㡳電行。
挪拿吃還並，出入防半回。
虛實怎恁信，須要使勁停（均平也）。

八、拖槍解

勾悠撐提奪，挑踏帶肘紮。
反正奪門硬，虎前轉花尋。
立水裡外攔，雙手高起平。
滾劈批剁闖，急串十字橫。

九、應用槍法

你搶上部來晃槍，我用騎槍使槍拿。
你若中部來闖進，我用撻字斜身應。
你若下部來晃動，我用撐字往前攻。
你若上部外搶入，我用黏展把你逼。

你若中部外槍晃，我用黏桿磨盤誆（騙也）。
你若下部外搶戲，我用立水偷步閉。

你用上刺槍，我用騎拿槍。
你用中平槍，我用撻進槍。（原為：搭）
你用下進槍，我用展刺槍。
你用挑手槍，我用按字槍。
你用挑腕槍，我用帶肘槍。
你用挑肘槍，我用過勢槍。
你用批手槍，我用翻字槍。
你用劈手槍，我用壓字槍。
你用撩手槍，我用撩手槍。
你用裡挑槍，我用提字槍。
你用外撩槍，我用扶字槍。
你用肘踏槍，我用抽刺槍。
你用踏刺槍，我用踏刺槍。
你用反奪槍，我用截腕槍。
你用上撐槍，我用拿字槍。
你用下撐槍，我用蹲刺槍。
你用掃腿槍，我用踏肘槍。
你用掃腿槍，我用撩手槍。
你用按字槍，我用滾腕槍。
你用按刺槍，我用抱刺槍。
你用鑽打槍，我用刺手槍。
你用截耳槍，我用十字槍。

你用轉花槍，我用纏進槍。

你用擺頭槍，我用推進槍。

你槍絮，我槍接，你槍不動，我槍發。

你槍拿，我槍劃，你槍壓，我槍拿。

拿挪挪拿再分別，丟悠絮掛另講說。

上馬立水要合襠，左右批手最難防。

步下提槍怎何用？上前一步指眉當。

若有下槍來撩進，須用槍尖閉手長。

亂人滾手批槍上，咱用騎槍進步刺喉強。

提槍立勢莫稱狂，須防敵人比咱強。

若有上槍來闖進，咱是退步拿槍長。

出手騎槍觀四方，須看敵人用何槍。

倘遇五虎來轉花，咱是欽風吸露奪虎長。

槍斜槍不可刮，機前晃撻扇扳槍。

不怕他硬來批槍，回揪進擒陽把槍。

倘若敵人來走下，我是怪蟒戲水刺陰槍。

敵人攻手來解破，我用立水刺足槍。

倘若隨槍推手上，我用提槍之勢過頂忙。

敵人抽槍裡門晃，我用怪蟒挺身川雲槍。

十、論接用槍法說（十六字說）

搬扣劈進，撐崩滾紮，迎封接閃，隨勁使進。

搬者：試來人之虛實，而不可出猛槍也。

扣者：拿也，先進步然後出槍也。

劈者：使來人不知槍力，隨來人出槍之際而奪其手也。

進者：視來人出猛槍之後，方可趁空而入也。

撐者：隨來人之手硬，而黏槍速進也。

崩者：視來人槍走空處，急到外門用力挑擊其手背也。

滾者：視來人出劈槍，趁勢而滾刺也。

紮者：須用接槍之法，然後急刺之也。

迎者：視來人先出槍，以分遠近黏槍，再視來人變法而出槍也。

封者：閉也、固也、守也。

接者：視來人發槍刺入之際，而趁勢黏槍速刺謂之。

閃者：視來人槍走空處，便可刺之。

隨勁使進者：須用身法，視來槍走在上下左右遇機而動也。

十一、紮槍、抽槍說

紮槍如箭，紮槍如借。抽槍如線，抽槍如解。槍者搶

前也，是槍來之時不可失機出動也。箭者，走平直而速度快，力極大，如箭離弦也。借者，借來人之槍法、勁力隨機靈活而用也。抽者，閉槍也。線者，使勁不可斷也，澀滯也，其法為勾掛帶。抽槍不可偏量，偏量而線斷，不能閉槍也。解者，化解來槍之力，然後趁機再動。

十二、五虎槍法說

五虎之法奪其手也。有五字，即：批、剁、撩、點、丟（ㄅㄨ，用棍棒輕擊）。

十三、三環說

挑環、滾環、環套環。

十四、論前後手的作用

前手為架機之表尺，後手為發機之動力，前手為丟，後手為紮。前手為滾，後手為擰。前手為騎，後手為拖。前手為沾，後手為黏。前手為隨，後手為連。前手為扠，後手為批。前手為迎，後手為引。前手為開門，後手為閉門。前手為捋槍，後手為帶槍。前手為推槍，後手為送槍。前手為靠，後手為撐。前手為靜，後手為動。前手為變，後手為化。前手為棍，後手為槍。

十五、論六家槍術之用法

一接二進三攔四纏五拿六直。

一攔二進白蛇弄風，三攔四纏怪蟒反桿，五拿六直趁空急入。

楊家槍用法使接字，撥手轉花槍，反正奪門槍。姜家槍用法使進字，維身入環槍。馬家槍用法使攔字，立水槍拖槍。高家槍用法使纏字，迎面轉花槍。羅家槍用法使拿字，騎槍半路回。趙家槍用法使直字，中平批手轉花槍。

十六、「三平」與「三直」說

一平者：前手使槍不可猛力，為不搬不推也。即不可向裡向外。

二平者：使後手不可上下猛力擺槍。

三平者：前後腿、身法不可向前仰後，以站停方向。

一直者：要前手高與口直。

二直者：是後肘高至肩直。

三直者：是眼要順槍尖方向看直。

「騎拖槍用法說」淺釋

1.「撐滾悠刮紮，裡翻外展劃，圈繞撩點靠，批砍迎剁絞」。

「圈槍為母」之說，古已有之，並被諸槍家尊為槍法

之綱要。陰手槍又名「纏槍」，正說明陰手架槍、給槍的纏繞創造了更為寬鬆靈活的條件，因而才能使圈圓動作繞得更加完美無缺。開章四句說明此槍法的特點：就是以圓弧動作為槍法轉變的基本環節，使攻與防有機而巧妙地連接在一起，更能體現出槍術的動靜、剛柔、快慢的變化特徵。如圈繞、絞動、翻展、擰滾。有的是有形圓弧，有的則是無形的轉動，形成了各種變化著的圓。圓的特點在於，它無時不在變化著運動的方向，能使與之相觸的物體，沿著弧形的切線改變方向。此外，滾動能減少摩擦力，可使對手在不知槍力的情況下被誘受逼。這也是以小力勝大力的極好的用槍方式。

因圓弧是槍法轉變的基本環節，所以也就成為槍家特別注重的練習方法。「纏槍法」就是掌握這一技能並訓練懂勁功夫的極好手段。句中的「紮、劃、撩、點、批、砍、剁、迎、靠」槍法，見槍法節。

2.「上中下撐崩，吃還隨勁跟，挑撻拍扨進，長短知軟硬」。

這裡是用幾個槍法，闡述了該槍術在運用中的兩條原則，即「吃還隨勁跟，長短知軟硬」。「吃」是吃掉，即透過走化，使其進攻落空的意思。當被槍進攻時，我用適當的槍法使之落空，隨即進槍還擊。在吃與還之間，應與被槍緊靠相隨，並及時變槍還擊，以防彼槍剎時之變化，即不能給彼以喘息之機。跟隨即黏隨，靠隨，這種力宜輕（非軟而無力）不宜重，輕則靈，能感知彼槍的勁力和動向，重則滯，抗力強不但聽不準彼槍之勁力和動向，還可

能為彼所利用。所謂「勁輕醒意機」就是此意。這種輕與重的感知力，只有在長期的纏槍練習中，才能獲得。

陰手槍因握法所致，使該槍術在長槍短用，槍棍互變的運用中，亦顯示出它突出的優勢。這裡所指的「長短」，即槍術的長用和短使，就是說長槍可抽成短槍或槍變成棍。但這種變化，不可主觀隨意，要隨對方的槍法、勁力而變化，若對方的力小速緩，需用相應的力度相隨，即所謂「軟綏用意添」。若力大動急，則應隨其急動而速應。所謂「硬秤動時應」。這裡若用太極拳「動急則急應，動緩則緩隨」之句釋之，更易理解。所說槍法「撐、崩、挑、抈」，可見槍法節。撻與拍均是向下打擊的動作，裡門為撻，外門為拍。

3.「搭槍有輕重，沾綿黏連應，退步分門換，先後認力寬」。

雙方對峙，一方進槍，另方接槍，兩槍相觸的暫態謂之「搭槍」。搭槍不論上搭（騎槍），還是下搭（拖槍），首先應遵守的一條原則是「三尖正」。即要護住身體（側身）的正中面。在搭槍的瞬間，便會感知對手槍力的輕重和走槍的方向。據此可用相應的勁力和槍法迎應。

另外，在搭槍的瞬間，我槍力度的輕重，也可誘出對手不同的槍法和不同的抗力。但輕搭不失去挺撐力，否則既不能感知彼槍的動向，且極易被闖入。

重搭可說是一種寸勁，即在搭槍時，有側敲之力，但要保持中正不偏，不過量，然後將力度調整到能黏隨彼槍的程度。當然也可用相應強的力度作誘餌，引對方出硬

槍，使其落空還擊之。

陰手槍在運用中，一般不用先發制人的槍法，在師傳中有這樣的教導：「槍見槍不許慌，必先讓他三五槍。」即在對手的進攻中，我應用沾綿黏連的槍術與之周旋對應，纏繞黏隨，使其處於欲進不得，欲抽不能的境地。在迎應中，視機出急出銳。

步法與身法，可彌補槍法走化還擊空間的不足，使對手的進攻遠離目標，同時也可加快我還擊的速度。所以在槍術的運用中，槍法必須與身步緊密結合，在刺槍要點中指出：「身似槍，槍似身，槍身不可分」。「要辨明步與槍的合力」。

「退步分門換」中的退步，指的是步法的移動，不能單純地理解為向後（即向槍把方向）退步，門指的是裡門槍與外門槍，就是說，步法的移動，一方面要看對手是從裡門進攻，還是從外門入槍，另一方面還需看對方所使用的槍法。根據門別與槍法的不同，步法的移動也應不同，如對手從裡門進槍，我（以右把槍為例）若據情只在裡門吃還，一般右腳應出偷步（向左前方移動）；對手若從外門進槍，則應向右前上步；如對手裡門進槍，需引進落空，繞至外門吃還；或外門進槍，需繞至裡門吃還時，則步法的移動卻與上面所說的相反。

移動的方向，主要是對手的斜側方。槍譜謂「退比占人斜」，即指此而言。當然面對猛闖、硬戳的進攻，向後退步緩減其力也是必要的，這時左腳可做偷步或蓋步。至於應移動幾步，用何種步法，需據情而定。步法要穩、要

靈活,並與身法、槍法相協調。

「先後認力寬」,是指兩槍相遇,先應黏纏住彼槍,然後用扣拿等虛實槍法,引誘對手出實進攻。在這過程中,我以適當的力度黏靠彼槍,急緩不離,從中辨認其真實意圖,並運用相應的槍法吃還之。總之,在黏隨中,辨認清對方的槍法和勁力,然後出急制勝。

4.「扛撲擠挨劈,推磨轉抽悠。封閉擺捩照,張須右手高」。

「扛撲擠挨劈」是對幾種勁力的分析。「扛」是向上扶舉之力。「撲」是前衝之力,並伴有偏上或偏下的勁力。「擠」是側向的搬靠之力。「挨」是相隨不離的黏勁。「劈」與批拍相同,是向下的突發力。

「封閉擺捩照」,若有上槍進攻(如直刺面部),我應以相應的槍術封閉走化,隨即黏槍順勢向對手面部擺捩(裡門掃為擺,外門掃為挨)橫掃。但擺掃不可過量,似槍尖直指對手為準,即掌握「三尖照」的原則,這樣即使攻不得手,可立即轉入防守。

「張須右手高」,這裡說的是「朝頂槍」法,與對手上槍相交(裡門或外門),若感到對手的擠靠力量較強,我可用「張揚」之法,將其擠力放開(走化落空)。方法是:以左手為支點,右手依循擠靠力的同向(逆向或順向)弧形上舉,這樣便可使彼槍順擠靠方向滑脫(落空)。舉臂化解時,先應給彼以掤撐的抗力,以引誘其繼續加力,然後加速繞弧上舉,在彼落空之際,速進槍反擊,或撩挑或刺槍。運槍時須身正腕活,並配以步法。

5.「拿挪倒環挺，騎直前手超，托提搬扣闖」。

「拿」既是防守中的阻截之法，如扣拿；也是吃還並用之術，如批（劃擊）手。「挪」是將對手的進攻予以移位，如勾、掛、帶。「倒環」是緊緊纏繞跟隨住失利後欲逃之槍（廣義，入環槍後的解脫法，亦稱「倒環」），挺槍滾刺（追擊）。如槍譜中所謂的三連用法：「來人晃槍，我以黏槍；來人要刺，我以拿槍；來人要抽，我以綿槍」。這綿槍就是綿延連續，即倒環之意。

陰手槍譜中有「三直」要求，即「一是前手高與口直；二是後肘高至肩直；三是眼要順槍尖方向看直」。三直所描繪的架勢即「騎槍勢」。此勢，槍身斜向上，第一可衛身（衛身前手超）；第二可誘來對手的攻擊（特別是來自下槍的進攻）。此槍勢變化靈便，後手一舉可變為「朝頂槍」、「立水槍」；前手稍下，可變為「拖槍」。所以，可說是將上下攻防寓於此勢之中，故被稱為陰把槍法中的主槍勢。

「托提搬扣闖」，是指遇下槍進攻時，我可用勾攔槍法，在勾攔中，若彼又順槍向上撩擊，此時可順其撩勢向上托提（外門為托，裡門為提），以化解其撩擊，並翻纏至上槍，隨即用搬扣（外門為搬展，裡門為扣拿）批劈等槍法，猛力還擊。可配以步法。

6.「奪法虛空晃，勾帶三節打，坦抱串零八」。

「奪法」即有效的進攻（如刺撩點掃等法），應在對手剛勁有力的攻擊被走化落空之後，或被虛招幌騙之後使用，才能獲得成功。

勾帶即抽槍黏走之法。若對方刺槍，我可黏槍順勢抽槍，以解其力。根據所刺部位的不同，我可上（刺）用掛；中（刺）用帶；下（刺）用勾。勾帶時運槍的力與速，與彼槍相一致，使彼不知我槍力，然後趁機而動。「三節打」是還擊之法，如帶槍後左右平掃、橫把。外門勾槍後，可用把中、上擊。這裡指的「三節」，原意為「橫中上」。

　　最後一句是指用槍後的收槍勢態。「坦抱」是要求精神飽滿的將槍收於胸前。零是終止。即由動到靜。

　　「串零八」即從「擰滾悠丟糝……坦槍零」，加在一起共一百零八字，寓意該槍術含意深刻，變化無窮。

槍譜影印件

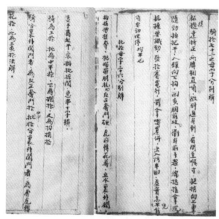

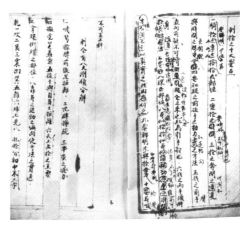

附　錄

摘抄《綏遠通志稿》有關陰把槍的記載

　　趙老同，山東人，清咸、同間遊塞外，久居薩拉齊，精武術，尤擅陰手槍法，彼時國內稱為獨傳。綏人得受此槍法，實自老同始。其弟子著名者有尤四喇嘛、霍戀、關興保三人，而尤四喇嘛功力最深。

　　尤延趙居其家，優禮備至。趙則使尤專練功架，托竿蹲身寂無少動。數月請益，曰：未也。年餘復請益，曰：吾姑試汝。及骿二指擊竿梢，竿即脫手。尤自是益奮發，朝夕苦練，如是者又二年。趙知其功熟，喜曰：此可以授槍法矣。既而老同病不起，及於枕上以箸示式，為之講解奧秘，遂盡其傳焉。

　　世謂尤善大竿，霍善刀法，關善花槍，蓋各極一藝之精也。尤用大竿獨步一時，刺人皮肉筋骨，深淺輕重，惟意所向，不差毫髮。釘紙百張於壁上，運竿點之，口呼取幾張，皆應聲如數著竿而下。其準確如此。霍戀嘗與眾約，使各用棉麻縛槍端，蘸以煤汁，數十人分列道旁，戀掄刀躍馬從中過，眾皆持槍攢刺，而人馬不受點汙。南史言王宜興運刀，灑水不入。此亦近之矣。

關興保為滿泰之祖姑夫，泰弱冠時，曾往親省視。關曰：聞孫學藝大進，未審人言確否，今日可一試也。關年近八十，泰憐其老，欲微戲以慰之，不意一交手，而槍已被纏，力抽不能出，急撒手躍避，而手口已點傷，血涔涔矣。老輩造詣精深。有非後學所可想像矣。泰後每為僚友言之。

郭三，薩拉齊人，天性英邁，狀貌魁梧，慷爽好義，遇事敢為，精技擊，尤長陰手槍法……雲連陞其高弟也。

雲連陞，土默特族人，世業農，家饒於貲，好讀書，精醫理，生平喜武術，嘗漫遊各地，隨在求名師而習之，以故財日散，家日落，絕無悔意。初學楊家槍、八卦變化手法於托城吳英，學手搏於同邑趙玉珂，學纏槍術於同邑郭玉山，學炮捶於保定揚一善，學八卦劍法於金山高僧了通。刻苦研究，數十年如一日，內外功兼營並進。尤精者為陰手槍法與八卦劍法。劍極短兵長用之妙，槍極長兵短用之妙。不動如山，動如雷電，蜚聲於大江南北，遠近從學者道相屬。今充本省國術館及第一中學教員。

注：(1)郭三即郭玉山（後名郭玉宏）
　　(2)雲連陞即雲連生。

百年武術傳承的回顧
——記托城吳氏家族武術傳承史

　　中華民族幾千年來創造了燦爛的文化。在諸多傳統文化的發展進程中，世家傳承有著不可磨滅的功績。武術是中華傳統文化中獨具風格的一株奇葩，它在世家傳承中成就更是顯而易見的。

　　我家祖上久居托克托縣，據家譜載先人是在清嘉慶年間，由河北滄州孟村遷居至此，世代以農為業。據《綏遠通志稿》載：「吳英（我的曾祖父），同治初，從山東德州人孫老學太祖拳和大竿槍。」「董海川，光緒初年，出塞外為某公府經營墾地，遂居綏東二道河（原轄豐鎮，現歸興和縣），暇輒授徒習拳術，托城吳英往師事之，傳其八卦拳法，綏有此拳法，自海川始也。」據此可知，我家武業始於曾祖，距今已有一百多年的歷史了。其主要弟子有：三勉利（姓張）、陶大力、雲連生等。

　　我的三曾祖吳耀（比其兄吳英小20歲，與我的祖父是同齡人），受拳業於兄。《通志稿》載：「弟耀技藝與兄相埒，莎（今土右族）歸（現呼和浩特）從學者甚

眾」。他們均是原綏遠省頗有盛名的拳師。

　　我的父親，傑出的武術家吳桐，他的童年是在武場中度過的，耳濡目染使他與拳棒結下了不解之緣。後在其三祖父的精心培育下，逐步繼承了家傳拳業。由於他好學悟性高，學啥像啥，被稱為「拳母子」。他不畏艱辛，在學業之餘，跟隨三祖父起五更睡半夜，在特建的地下室（地窖）中，飛快地走轉八卦（據傳吳英練習時，頭後的小辮可飄起來），運動量常達到每次 3200 圈（即左右各轉 40 圈為一組，每次 40 組。其三祖父的最大運動量為 5000 圈）。練後汗水浸透衣褲，腿無蹬階之力。筋骨的熬煎不僅增進了功力，而且更鍛鍊了堅強的毅力。在歸綏中學讀書時，他始終堅持練功，畢業時家傳八卦頗具功力。

　　歸中畢業後，父親考入北平體育專門學校深造。當時有位太極拳名家吳鑒泉在該校任教，經人引見後吳先生破例地收了這位不能給師父磕頭的回族徒弟。此後，先父每日傍晚去先生家中學練太極拳和太極推手。功夫不負有心人，幾年辛苦，盡得吳氏太極拳的真傳，成為鑒泉先生的得意門徒。

　　體專畢業後，他被母校（歸綏中學）聘為體育教師並兼任女子師範體育、音樂教師。1928 年 10 月，中央國術館在南京舉辦第一屆全國國術國考（俗稱「打擂」），先父與宋標代表綏遠省參加了比賽，並以三戰三捷的優異成績獲甲等獎（宋標三戰二捷獲乙等），載譽歸來，遐邇聞名。

　　擂臺賽後不久，綏遠省政府根據中央國術館電函各省

成立省國術館的電令，決定成立綏遠省國術館，並開始籌備工作。國術館董事會一致推薦先父為館長，呈報中央館批准。批覆：為提高國術聲望，館長應由省主席兼任，先父被任命為副館長，主持館內日常工作。

1929 年 4 月，省國術館正式成立，館址設在歸綏市太平街關帝廟內。經過一階段的宣傳，人們對這個「官辦的武館」有了逐步的認識，學員也逐漸增多。館內武術活動，每日下午三四點開始。至晚上七八點結束。如有比賽任務，經常練至晚上十點以後。教學與訓練是按計劃進行的，要求是嚴格的，新學員必須從統一的基本功和十趟彈腿開始，從徒手到器械循序漸進地學習，同時亦根據學員的身材特點和愛好因材施教。在教學中亦充分發揮教練的特長。先父以太極拳、劍和推手為主，宋標傳授八卦，雲連生主要傳授陰把槍，馬正英、程全忠教授長拳和各種器械，我的三曾祖吳耀亦經常來館指點八卦和大桿子。馬印、王美等老館員也經常代師給新學員傳授技藝。在先父的領導下，館內武術活動開展得十分活躍，此外，還經常派學員去機關和一些縣城進行武術輔導工作。1931 年至 1933 年，歸綏、莎拉齊也先後創立了縣國術館。至 1937 年閉館前，共組織學員參加過四次全國和地區性的武術比賽，並取得了可觀的成績。

太極拳是先父從北平（即北京）帶回來的新拳種，多數人對此拳聞所未聞，個別人雖有耳聞，但未見其實，當先父教授或演練時，因它的動作慢且柔，許多人認為只適合女子練習，所以一時把它稱作「姑娘拳」，學習者很不

踴躍。當教授老學員推手時，先父運用沾連黏隨，化打結合的太極勁力，使他們一個個站不穩腳跟，拳技、勁力全然用不上時，他們逐步認識到太極拳技及勁力的神奇，就這樣，漸漸地開展了這一拳種。

國術館成立後，先父把在歸綏中學的武術教員雲連生聘到館內任教練，雲曾是我曾祖父吳英的弟子（學八卦掌和大竿子），所以按師承關係他是我父親的師叔，雲先生後來又在莎拉齊從郭玉宏學得陰把槍。為了學習這一槍術，先父想拜先生為師，雲師對這個師侄的品德和功夫十分瞭解，欣然接受了他的請求，接納為弟子。

先父身居領導，對老拳師十分尊重，尤其對生活不寬裕的雲師，可說是關懷備至。雲師對他亦很偏愛，傳授槍法總是單個進行，見有人來或停止教練，或走一般槍法。先父的槍法進步很快，有一次師徒在研究槍法時，雲師出的奇槍被他破解了。先生把槍放在一旁驚喜地問：「何以知曉？」先父用太極拳理論加以解釋，雲師非常欣賞地說：「唉！你都懂了，只需多練，進一步掌握功力了。」

陰把槍是實用性很強的一種槍術，原本只有單式應用槍術的演練和對練，並無套路練習。因所處時代的不同，和前輩先師的執著追求，經幾代相傳，他們在繼承中，不斷地發展著它的技擊精華。

自 1928 至 1937 年間，先父從雲先生學習該槍術期間，也許是由於他的職業本能（體育教師和國術館館長）之故，在總結先師們的傳授方法之後，就開始思考如何才能將這一優秀的民族文化遺產，長久而全面地流傳下去的

問題。在冷兵器過逝的現代，要想發展武術文化，就必須以「體」為綱，只有抓住這個綱，才能帶動技擊的發展。順著這一思路，自然使他想到家傳楊家四十槍套路，並常獨自用陰手握槍法演練著它，在演練中逐步地將陰把槍的內容和用槍方法融合其中。但這一研究因「七‧七」事變，國術館關閉而擱置下來，直至抗戰勝利後的 1947年，綏遠省國術館複館後，他又抄舊業，繼續研究擱置多年的課題，終於創編了「陰把槍」套路，補充了陰把槍無套路的空白。此後他多次在公開場合表演，如 1953 年在華北運動會及同年在天津舉辦的全國第一屆少數民族運動會上均獲一等獎。

1937 年「七‧七」事變後，日寇入侵綏遠，國術館奉命關閉，先父率家遷回托縣，此時省主席傅作義讓他以托縣回族代表身份，參加日寇將在歸綏組織召開的日偽「西北回教聯合會厚和（歸綏）回教支部」成立會，並尋機打入敵人內部做抗日地下工作，先父是很講民族氣節的武術家，便毅然接受了這一秘密指令，隨後組織了精幹的工作小組，並配有電臺，1939 年許，得機會擔任了日偽「厚和回教青年學校」校長職務，以此掩護其抗日工作身份。此後他截獲了日寇進攻五原的情報，立即電告傅作義將軍。1940 年春，日寇在五原戰役中損失慘重。

在先父的自傳中有這樣一句：「當我獲悉我軍五原大勝的消息時，感到萬分欣慰。」日寇失敗後在知識界大肆搜捕，先父獲悉脫險至北平，日寇對我家進行了翻箱倒櫃的野蠻搜查（主要找電臺），母親因驚憂而重病一場。待

事態平息後，他由北平輾轉至綏西陝壩（當時的綏遠省臨時省會），傅作義將軍以這一功績報請國民黨中央，委任他為國民黨綏遠省黨部委員兼第三督導區專員之職，直至抗戰勝利。

抗戰勝利後，第三督導區撤銷，先父轉至綏遠省黨部工作（主管總務）。其間抗戰時期的綏遠省回教救國協會改組為綏遠省回教協會，他被選為理事長。1947年在他的積極籌畫下，省國術館恢復活動，並建立了四個分場，開展武術訓練，他仍任副館長（館長由省主席董其武兼任）。

1949年9月19日，綏遠省和平起義，先父以綏遠省回教協會理事長的名義在起義書上簽名，從此走上了新生之路。此後他參加了各個時期的政治運動，受到了黨的培養和教育，社會主義建設的偉大成就激勵著他，尤其是看到在黨的領導下，武術這項寶貴文化遺產進一步發展的新局面，精神更加振奮。

他被調到內蒙古體委後，為開展武術活動做了大量工作。如曾組織了全區武術巡迴表演隊，赴各盟市表演，對推動全區武術活動起到了積極作用。他不畏疲勞，經常為團體和個人傳授太極拳、劍，亦多次參加地區和全國性武術比賽及裁判工作。

人稱先父在拳、劍、槍上有「三絕」的真功夫，這是在他長期艱苦練習和不斷總結中獲得的。除槍術外，他練的太極拳實質上融進了家傳的八卦手法。他將雲先生傳授的倒把劍，巧妙地與太極劍相結合，使該劍術在體用方面更加完善，因而被譽為「塞外武術大師」。在20世紀60

年代初，他寫的《靠手捶》問世後，本想把太極拳、劍和陰把槍亦用文字的形式留給世人，不料於 1962 年 10 月因積勞成疾，舊病復發，而帶著極大的遺憾與世長辭了。

歸綏市淪陷前，我們全家遷回故土——托城。我出生於歸綏，這時年僅 5 歲，這次返鄉甚感新鮮，在爺爺身邊大約度過了二三個春秋。這也是我享受祖愛最長的時段，有許多樂事深深地印在我童年心靈的深處，難以忘懷。如常與兄弟們爬上平坦的曬糧房頂戲耍、睡覺，爺爺以慈祥的面孔仰望著：「快下來，灰孩子！」我們卻相繼跳入草堆藏起來，待他走遠了，又出現在房頂。爺爺回頭望望卻無可奈何。大約在 7 歲左右，父親指導我們學習身受酸痛煎熬的，但又必須完成的武術基本功練習，我的武術入門就是這樣開始的。

我是在歸綏（日寇更名為厚和）回部小學開始讀書的，當然除學業外，拳術也是必修的。在臺階上蹲功架的艱辛，給我留下了深刻的印象，後因躲避日寇的追捕，父親突然離我們而去，所以必修的拳術課自然而中斷。父親走後二年（大約 1942 年），至抗戰勝利期間，因家庭的多次變遷（歸綏—伊盟—陝壩—歸綏），我曾幾度輟學和轉學，給我的學業造成了難以挽回的損失。

我生性好動，不僅在家中逐步繼承拳業，在學校也經常參加體育鍛鍊，特別是田徑項目，每年代表學校參加運動會，並能獲得好成績。讀高中時，體育老師苗時雨組織體弱有病的學生，曾讓我教他們太極拳。田徑運動是一切運動的基礎。我在北京體育學院就讀時，也特別偏愛這一

項目,但也從未忘記家傳拳業,並受過武術系著名武術家張文廣教授的指導。

體院畢業後,即在始建的內蒙古醫學院體育教研室任教,教學之餘,我常回家繼續學習家傳武業,陰把槍就是在這個時期學習的,為了我參加 1959 年第一屆全國運動會(**我是內蒙古體育代表隊的武術運動員**),父親根據《競賽規程》多次修改了自編的陰把槍套路。這樣的學習一直延續至 1962 年父親辭世之時。

「體者,為知識之載,為道德之舍也。其載知識如車,寓道德如舍,無體無德智也。」(**毛澤東,《體育之研究》**)我身為體育教師,有責任為增強學生的體質而盡心盡力。學校體育以課堂教學為主,我除認真完成這一任務外,又積極地在學生中組織田徑、武術運動隊,進行課餘訓練,凡愛好者均可參加,以補充兩節課堂教學的不足(**每週兩次田徑、三次武術**)。這兩項訓練工作,特別是武術一直堅持至我退休。受訓的許多學生在市級和區級大學生競賽中均獲得過好成績。武術作為中國文化寶庫中的一顆明珠,它融傳統文化和民族風情於一體,在充分體現民族個性的同時,集中反映了古代人民對健身、養身、防身的寄託和追求。其活動形式簡便易行,內容豐富多彩,因而有廣泛的群眾性,特別是太極拳具有較強的醫療價值,很受醫學院學生的喜愛,所以一經組織,參加者眾多。由於武術自身的特點和我的努力,使武術項目在醫學院率先於全區其他高校(**師大因有體育系除外**),較早地列入體育教學大綱,成為學生體育課中的必修內容,這

不僅弘揚了民族體育，有了對學生進行傳統武德教育的機會，而且為學生終身鍛鍊提供了有效手段（**太極拳已成為許多畢業生常年的健身項目**）。

經常為校內外群眾義務輔導武術，似乎成了天賦我的一項任務，因為我是名家之後，除一些登門求教者外，在我練習時總有一些愛好者隨後模仿學習，輔導就是這樣開始的。20世紀70年代初，我與一些拳友協助呼市體委組建了「呼市武術協會」，並擔任副主席兼秘書長。協會隨即在工廠、公園、學校建立了「武術輔導站」，醫學院也成為其中之一。我自然成了名副其實的輔導員，每天早晨輔導，以太極拳、劍為主要內容。參加者有學生和院內外職工群眾，經常有50～60人參加。在輔導中我常講一些太極拳藝德兼修的道理，使練習者頗受啟迪。三年後因故院外群眾不能進入校園，而另選場地練習去了。

為適應全國和全區武術比賽的需要，市武協還多次組織業餘武術教練員學習競賽規則和比賽套路。1973年，內蒙古教育廳舉辦全區中小學體育教師進修班（三個月），因我院師資力量齊全，便讓我們承擔了這一任務，除學校的正常教學外，在這個班中，我又擔任了部分田徑（跳躍）課及全部武術課的教學。課量（周學時）由原來的十幾節猛增至二十多節。待他們結業後，我因痔病做了一次小手術，後來從回饋回來的資訊得知，從那以後許多中小學都開設了武術課，我甚感欣慰。

1976年暑期，巴盟體委邀我協助舉辦全盟業餘武術教練員訓練班，學習推廣國家規定的教學與競賽套路。我和

駱志和（巴盟）任教練。之後該盟大多數旗縣都組織了業餘武術隊。1987年暑期，內蒙古體委讓我協助在伊盟舉辦全區業餘武術教練員短訓班，學習國家規定的教學與競賽套路，並交流學習了一些傳統套路，我和廉萬春（伊盟）任教練，對全區各盟市的業餘武術訓練工作，起到了促進作用。1981年暑期，內蒙古教育廳為了提高學校武術課的教學品質，在醫學院舉辦了全區大中專學校體育教師武術訓練班，學習國家規定的教學套路和武術基本功，我擔任了全部教學任務。之後有的院校（如農牧學院和財經學院）繼續邀我專門為他們的體育教師傳授這些內容。1982年，內蒙古體委在內蒙黨校舉辦了全區氣功、太極拳訓練班，我教授了太極拳和劍術。

多年來，我曾協助自治區、呼市和部分盟市體委組織舉辦武術競賽工作，並出任裁判長，對推動全區武術事業的發展付出了辛勤的汗水。

1983年在呼市體委的主持下，我與吳敬賢率先在呼市開展了武術挖掘整理工作。我們用業餘時間走訪了眾多的武術家和原綏遠省國術館館員。1984年初，我被借調至內蒙古體委，參加全區武術挖掘整理工作，並任副組長。為掌握第一手資料，曾走訪了自治區中西部五個盟市及十多個旗縣的民間武術家，收集了大量的珍貴資料，為自治區武術挖掘整理工作作出了貢獻。

我整理多年的陰把槍資料，在承德全國武術挖整工作會議展示期間，被人民體育出版社選定為特約稿件。後在吳敬賢（師弟）的協助下於1986年底脫稿，於1990年正

式出版。2002 年初，中央電視五台「體育人間欄目」，登門採訪拍攝了傳統的陰把槍，並以「吳秉孝陰把槍」為題，在中央五台、四台播放。這無疑對獨傳於內蒙西部區的陰把槍是一個特大的宣揚，之後，愛好者來函來電向我索取資料，從而萌發了我增版陰把槍的想法。因自脫稿後的十幾年間，我對該槍術的歷史有新的考研成果，對其槍技有深入的研究體會，近年已將增版書稿修訂完成，等待時機奉獻世人。我還曾在《中華武術》、《武魂》雜誌上發表過《太極拳不宜配音樂》和《陰把槍》等文章。1997年受託為自治區撰寫過《內蒙古武術志稿》。

文化無國界，凡是民族的都是世界的，1990 年我應邀到蒙古國講學，把我國民族文化瑰寶——武術傳授給蒙古人民，並透過教學與他們建立友誼。後來有人告訴我，我的一位蒙古國學生，曾代表他的國家參加了國際武術比賽。在國內，我也曾教過一些在華工作的外國專家，我的許多學生出國後，不僅自己練習，而且也不斷地傳播這一文化，尤其是太極拳深受國外朋友的偏愛，如謝紹衡在加拿大已授拳多年，這也是我對中華武術走向世界的一點貢獻。

2001 年 7 月，臺灣王爾昌教授率弟子六人抵呼，向我學習陰把槍套路，並進行該槍術的交流。王老先生曾於1932 －1935 年間，在歸綏中學讀書時，向雲連生老師學過陰把槍，並在臺灣傳授過該槍術。20 世紀 90 年代，他在臺灣看到我寫的《陰把槍》，對套路內容很感興趣，但因年事已高，不便自學，因而帶學員專程來訪，進行學習

交流，也是王老先生的一次故地重遊。

　　1959、1979、1986 年，我曾三次代表自治區參加過全國性武術比賽和觀摩表演賽，並獲得二等獎和表演獎。我曾被學院評為「優秀共產黨員」、「教書育人」先進個人和「優秀教學成果三等獎」，被呼市體委評為「業餘武術訓練一等獎」；1984 年被呼市、自治區及國家體委評為「武術挖整工作」先進個人；1988 年獲國家體委頒發的中國國際武術節「武術貢獻獎」；1995 年被評為首屆全國「中華武林百傑」；退休前是內蒙古醫學院體育教研室副主任、教授；曾任中國武協第一、二屆委員，內蒙古武協副主席（1984 － 1998），中國體育科學學會武術分會第一、二屆委員，內蒙古體育科學學會第一、二屆理事，呼市武協第一、二、三屆副主席；國家田徑運動及武術運動一級裁判。

　　我繼先輩的事業，為發展中華武術曾作過一些奉獻，但與國家和人民所給予的相比是微不足道的。自 1993 年退休以來，我被聘代課，兩年後因故辭退了這一任務。但業餘武術傳承之業卻未終止。每日早晨總有學生、教工及校外的愛好者跟我學習太極拳、劍及陰把槍。我雖年近八旬，而多年來傳承武術的興致，卻不減當年。只要健康狀況允許，我總樂於為弘揚中華武術事業而奮鬥。

參考資料

〔1〕萊祥主編《綏遠通志稿》卷九十六第 110 冊，內蒙圖書館手抄複印本。

〔2〕陳白塵撰述《宋景詩歷史調查記》1957 年，北京：人民出版社。

〔3〕劉思綏編著《陰把槍》1986 年內蒙人民出版社。

〔4〕內蒙政協文史資料研委會編《內蒙文史資料第十八輯》1994 年。

〔5〕史銀堂主編《土默特右旂志》1994 年內蒙人民出版社。

歡迎至本公司購買書籍

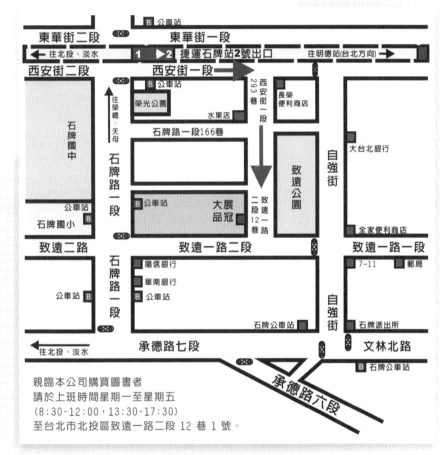

東華街二段　東華街一段
B 公車站

← 往北投、淡水　1 ▶2 捷運石牌站2號出口　往明德站(台北方向) →

西安街二段　西安街一段 →
B 公車站
西安街一段293巷
長榮便利商店

榮光公園
水果店

石牌路一段166巷

石牌國中

往榮總、天母

石牌路一段

致遠公園

自強街

大台北銀行

公車站 B
石牌國小

大展品冠

致遠一路二段12巷

致遠一路二段

全家便利商店

致遠二路　致遠一路二段　致遠一路一段
石牌路一段

陽信銀行
華南銀行
公車站 B

7-11　郵局

自強街

石牌公車站
石牌派出所

公車站 B

← 往北投、淡水　承德路七段　文林北路
B 石牌公車站

承德路六段

親臨本公司購買圖書者
請於上班時間星期一至星期五
(8:30~12:00，13:30~17:30)
至台北市北投區致遠一路二段 12 巷 1 號。

建議路線

1.搭乘捷運‧公車

淡水線石牌站下車，由石牌捷運站２號出口出站(出站後靠右邊)，沿著捷運高架往台北方向走(往明德站方向)，其街名為西安街，約走100公尺(勿超過紅綠燈)，由西安街一段293巷進來(巷口有一公車站牌，站名為自強街口)，本公司位於致遠公園對面。搭公車者請於石牌站(石牌派出所)下車，走進自強街，遇致遠路口左轉，右手邊第一條巷子即為本社位置。

2.自行開車或騎車

由承德路接石牌路，看到陽信銀行右轉，此條即為致遠一路二段，在遇到自強街(紅綠燈)前的巷子(致遠公園)左轉，即可看到本公司招牌。

國家圖書館出版品預行編目資料

陰把槍／吳秉孝 吳敬賢 著
——初版——臺北市，大展，2014〔民103.03〕
面；21公分——（武術特輯；148）
ISBN 978-986-346-007-7（平裝；附影音光碟）
1.器械武術
528.974 102028097

陰 把 槍 附VCD

著　　者／吳 秉 孝 吳 敬 賢

責任編輯／王 躍 平

發 行 人／蔡 森 明

出 版 者／大展出版社有限公司

社　　址／台北市北投區（石牌）致遠一路2段12巷1號

電　　話／(02) 28236031・28236033・28233123

傳　　真／(02) 28272069

郵政劃撥／01669551

網　　址／www.dah-jaan.com.tw

E-mail／service@dah-jaan.com.tw

登 記 證／局版臺業字第2171號

承 印 者／傳興印刷有限公司

裝　　訂／承安裝訂有限公司

排 版 者／千兵企業有限公司

授 權 者／山西科學技術出版社

初版1刷／2014年（民103年）3月

定　價／350元

大展好書　好書大展
品嘗好書　冠群可期